現代に生きる信仰告白

改革派教会の伝統と神学

佐藤優
Masaru Sato

キリスト新聞社

日本キリスト教会信仰の告白（口語文）

わたしたちが主とあがめる神のひとり子イエス・キリストは、真の神であり真の人です。主は、神の永遠の計画にしたがい、人となって、人類の罪のため十字架にかかり、完全な犠牲をささげて、贖いをなしとげ、復活して永遠のいのちの保証を与え、救いの完成される日までわたしたちのために執り成してくださいます。

神に選ばれてこの救いの御業を信じる人はみな、キリストにあって義と認められ、功績なしに罪を赦され、神の子とされます。また、父と子とともにあがめられ礼拝される聖霊は、信じる人を聖化し、御心を行わせてくださいます。この三位一体なる神の恵みによらなければ、人は罪のうちに死んでいて、神の国に入ることはできません。

旧・新約聖書は神の言であり、そのなかで語っておられる聖霊は、主イエス・キリストを顕らかに示し、信仰と生活との誤りのない審判者です。

教会はキリストのからだ、神に召された世々の聖徒の交わりであって、主の委託により正しく御言を宣べ伝え、聖礼典を行い、信徒を訓練し、終わりの日に備えつつ、主が来られるのを待ち望みます。

古代の教会は、聖書によって次のように信仰を告白しました。わたしたちもまた、使徒的信仰の伝統にしたがい、讃美と感謝とをもってこれを共に告白します。

わたしは、天地の造り主、全能の父なる神を信じます。わたしは、そのひとり子、わたしたちの主、イエス・キリストを信じます。主は聖霊によってやどり、処女マリアから生まれ、ポンティオ・ピラトのもとで苦しみを受け、十字架につけられ、死んで葬られ、陰府にくだり、三日目に死者のうちから復活し、天に昇って、全能の父なる神の右に座しておられます。そこから来て、生きている者と死んでいる者とを審かれます。わたしは、聖霊を信じます。聖なる公同の教会、聖徒の交わり、罪の赦し、からだの復活、永遠のいのちを信じます。アーメン

プロローグ

私たちキリスト教徒は、地の塩として、イエス・キリストの真実を証ししなくてはなりません。教会形成とこの世への奉仕は、車の両輪のように同時進行していくべきです。しかし、実際にはそれがなかなかうまくいきません。そこで神学の知識を借りながら、私たち日本のキリスト教徒が抱えている問題について考えていきます。ちなみに問題について考えることによって、答えが半分くらい見つかります。鍵は信仰告白にあります。このことについて以下の2点を切り口にして考察します。

第一は、日本におけるキリスト教土着化の問題です。キリスト教徒であって日本人であるというのはどういうことかということについて、よく考えてみなくてはなりません。そのことからさらにいくつかの派生する問題が出てきます。日本の領域で生きるキリスト教徒以外の人びとについてどう考えるか、日本の非キリスト教徒にとってキリスト教はどういう意味を持つかという問題です。

第二は、信仰と学知（体系知）の問題です。本来は、アンセルムスが『知解を求める信仰』（新教出版社）で述べたように、信仰が知的関心を深め、学知が信仰を強化するという弁証法的働きが信仰と学知の間に求められるのですが、それができていません。このことについて、カール・バルト、フリードリヒ・ゴーガルテン、ヨゼフ・ルクル・フロマートカ、ニコライ・ベルジャーエフら、危機の時代を背景に信仰と学知の関係について真剣に考えた神学者、宗教哲学者の業績を追体験してみることが日本の教会形成に役立つと思います。

最後に、私自身の経験に若干触れて、キリスト教信仰（とりわけプロテスタント信仰）を持つ者は、他の宗教（宗派）の信仰を持つ人、あるいは信仰を持たない人よりも、この世界の現実をよりリアルに認識することができるということについてお話ししたいと思います。

私はもともと日本キリスト教会で洗礼を受けて、その後いろいろな過程があって日本基督教団に移りました。ですから私の自己意識としましては、今でもカルヴァン派、長老派だと思っています。組合系、会衆派教会では、カルヴァン派や長老派が関心を持つような内容にあまり関心を持っていません。会衆派教会で非常に違和感を覚えるのは、いわゆる「証し」のような、自分の信仰体験の話が多いのですが、私はそういう話はあまり好きでありません。

しかし、私のバックグラウンドを知っていただくのは、これから話すことの理解に役立つと思いますので、お話ししたいと思います。

目次

講演

「改革長老教会の伝統と神学
——21世紀における意味を考える」

▲日本キリスト教会大森教会での講演会の様子、会場はほぼ満員となった。

幼少期～青年期と教会

■キリスト教の原体験

私は１９６０年1月18日、東京の渋谷で生まれました。４歳年上だったはずの兄が医療ミスで死んでしまいました。その兄が生まれる時に母が帝王切開をしていたので、もう子どもはできないかもしれないという状況で私を妊娠したわけです。当時、日本赤十字の本部産院が渋谷にあり、非常にレベルが高いと言われていましたので、母はその病院でかなり慎重に私を産みました。ただ、母子手帳を見ると鉗子分娩と書いてありましたので、かなり大変な出産だったと思います。

物心がつくかつかないかのころで印象にあるのが、埼玉県さいたま市の氷川神社の鳥居です。母は鳥居の下を通りません。鳥居の横を通って木村さんという人の民家へ向かうのです。その家に行くと、黒い表紙の本を持った背広のおじさんが来て、みんなでその本を読んで、そのあとに歌を歌います。「優君、静かに座っていなさい」と言われ、ありがたいお話があって……。それが私のキリスト教の原体験で、なぜか鳥居と結びついているのです。

この木村さんのご主人は農水省の役人で、もともとは朝鮮半島に住んでおられた。木村さんが言われるには、戦時中の日本のクリスチャンはだらしなかったそうです。神社参拝を平気でするだけではなく、人にも強要する。それにいざ時代が厳しくなると、みんな教会に行かなくなってしまう。朝鮮人は殴られても蹴られても、本当にがんばって教会に通っていたのにということです。

その木村さんのところに、謙一さんという私より1歳年上の、大宮の神童と言われた人がいました。学習塾が一緒だったのですが、絵がものすごくうまい。「将来は絵描きになりたい」ということを小学生のころから言っていました。それから三つくらい下にやんちゃな望くんという弟がいて、この二人が人間的にすごい魅力があって、彼らと遊ぶのがすごく楽しかった。ですから、木村家での家庭礼拝はとても楽しかったです。

けれどもある日、その家庭礼拝がなくなってしまって、その後、私が住んでいた団地で聖書研究会が行われるようになりました。ところが誰かほかの宗教の関係者が密告したらしく、「団地の集会場では特定宗教の行事をやってはいけない」ということになって、聖書研究会をやる場所がなくなりました。

■教会の新井義弘先生

そうこうしているうちに新しい教会ができました。見沼代用水東縁というところの横に伝道所ができたのです。夏はものすごく暑くて、冬はものすごく寒い建物でした。しかし現住陪餐会員は当時20人弱くらいだったでしょうか。一所懸命、みんなでお金をあわせて造った教会でした。ですから礼拝堂に机はなく、パイプ椅子なのです。そこに新井義弘という先生がいて説教するのですが、ちょっと変わった先生でした。もともと厚生省の役人で、浦和商業を出た後、農林省（農水省の前身）に今でいう一般職で入省しました。ある時期までは結構お酒を飲んだりしたこともあったようです。私の家で英語の教室をやって教えてくれて、そのころ私の父は銀行員で、酒瓶をたくさん並べているのを新井先生が見て「このウィスキーは○○ウィスキーですね」と銘柄を当てたそうです。

これもあとで奥様から聞いたのですが、新井先生は役所の仕事がどうも性に合わなかったようです。みんな出世に向けて走ってばかりで、厚生省なら世の人のためになるかと思っていたら、そんな仕事もなく、直属の上司も、ものすごく威張っています。そんななか教会に通い始めたら、上司とか周囲からバカにされ始めたのです。けれどバカにされればされるほど、キリスト教に対しての情熱が強くなっていきました。

ところがある日、先生はもともと身体が弱かったこともあって、家に帰った時に倒れてしまいました。身体が冷たくなるくらいの仮死状態でした。いま考えると、先生は肝臓に深刻な病気を抱えていたのです。それで思い立って、当時の日本キリスト教会では珍しく、40代になってから神学校に入りました。先生は高校しか卒業していないので、通信教育で大学卒業資格を取られた。だから伝道師にもなれないのですが、まだ伝道師の資格もないうちに、しかし事実として牧会をしていました。今になって思うと、私はその先生のところに通って、厚生省や役人の話なんかを少しずつ聞きながら、役所へのイメージを作っていったのだと思います。

■信仰に導かれる

新興住宅地の中にありますから、英語を教えるとか、算数を教えるとかを通じて伝道していこうというわけです。先生は熱心に教育を行いますので、地元で有名な学習塾になっていきました。日本キリスト教会のなかではとても批判されたのですが……。今は牧師館になっているあの建物は、塾の規模が大きくなったためそこに建てたのです。私はそこで英語を勉強するなか、信仰に導かれました。たとえば日本キリスト教会豊中中央教会の山川聡先生（現、習志野教会牧師）もその一人です。

新井先生は自給伝道がすごく大切だと言っていました。だからお金を自分の教会で作らないといけないということで、それで塾の仕事と教会の仕事をしているうちに身体を壊して、亡くなってしまったのです。私は悲しくて悲しくてしょうがありませんでした。高校2年生の時、浦和教会で葬式をあげたのですが、涙が流れて止まりませんでした。本当に一日中泣いていました。いま考えてみると、私にとって小学校から中学校2年くらいまでは多感な時期なわけです。思考が急に伸びていますから。まだ子どもなのですが、ある種の事柄に関しては大人と同じような問題意識を持ちます。そんな私に「ガキなのに黙っていろ」と言うのではなく、まともな大人として付き合ってくれたのが新井先生と、学習塾の国語の岡部宏先生と、中学校の英語の早川剛先生でした。この3人は私の10代の前半期において、きちんと一人格として扱ってくれた人たちです。ですからその3人から強い影響を受けています。

■マルクス主義に触れる

今になって考えてみますと、私たちはイエス・キリストの前に立って、イエス・キリストを通じて神を知らなければならないのですが、私は新井先生という牧師の前に立っていたのです。だからその牧師先生が亡くなった瞬間に、教会に行く情熱がなくなってしまったのです。日本キリスト教会の特徴は、インテリの教会であるとともに、正義感の強い人が多い。特に社会的な正義感が強い人が多い。ですからそこのところから、私は教会に行く情熱がなくなるとともに、マルクス主義に転じたのです。マルクス主義のなかにあるのは科学的無神論で、神様はいないというのがものすごく強い。それと、当時埼玉県には県立浦和高校という進学校があって、そこに最初に話した木村謙一さんが入ったので、彼に憧れて私も追いかけて入りました。木村さんは学校にほとんど出てこないで、タバコを吸いながら北浦和界隈を歩いていました。私はアジビラを作ったりして、ちょっと外れた感じで二人とも生活していたのです。

木村さんは毎週教会に行っていたのですが、私はクリスマスに行くくらいで、教会からはしばらく離れてしまいました。マルクス主義に関心を持っていくうちに、キリスト教的なものの考え方と、このマルクス主義的なものの考え方とは根本の部分でぶつかるから、どこかで整理をつけなくてはいけない。そうしたことを何となく考えていました。

それから、これもあまり人に話すような話ではないのですが、当時ガールフレンドがいまして、日本基督教団の大宮教会に通っていました。彼女は二つ年上の成績の良い子で、お茶の水女子大に行きました。ところが大学に入ったらフラれてしまいまして、それが面白くないから、キリスト教への反発も大きくなって（笑）。そういうことがありましたから、関東の大学に行くと、どこかで彼女とすれ違う可能性もあるわけで、それが非常に恐ろしかった。極力関東の大学には行きたくないと思ったわけです（笑）。

あるとき木村さんたちと一緒に大宮の焼肉屋に行って、いろいろ恋愛や悩みの話をしました。東京にはあまりいたくないとか、キリスト教とマルクス主義のことも整理したいとか。そうしたら、一緒に行ったうちの誰かが、「そんな変なことができるのは同志社の神学部しかない。あそこは本当にめちゃくちゃなところだから」と。名前を思い出そうとしても思い出せない日本キリスト教会の女性の教会員なのですが、その人に感謝しなきゃいけないと思っています。

同志社大学神学部へ

それで同志社大学神学部の願書を取り寄せてみたら、まだ間に合いましたので、神学部を受けました。１９７9年の雪の降る2月14日、バレンタインデーでした。その年は受験生が多かったので、神学館だけでは足りなくて、その隣のクラーク記念館という重要文化財になっている建物でも試験がありました。だるまストーブがあるなかで受験をしたのですが、非常に上品なロマンスグレーの髪の毛をした先生が答案を配りながら、「本来、神学部は全員合格させてあげたいんだけどね。そうもいかないんです」と言っていました。それで暖炉を囲んで、みんなでいろいろな話をしていると、先生が「このクラーク館の前に牛がいる」という話をしました。これは同志社の七不思議で、この牛の首がときどき違う方向を向いている、昔はどうも神学生がときどき動かしていたらしいと、こんな話を聞きました。この話をしてくれた緒方純雄先生が、その後、私の指導教授になります。

■面接試験

当時の同志社の神学部では面接がありました。面接の先生に「あなたはなぜ神学部に来たのですか」と聞かれて、「無神論の勉強がしたいんです」と答えました。「無神論だったらニーチェですか」「いやニーチェじゃなくて、フォイエルバッハとマルクスです」「それだったら論文を書いている人はたくさんいますし、資料も十分ありますよ。それで、あなた今まで神学書を読んだことはありますか」「ラインホルド・ニーバーの『The Children of Light and the Children of Darkness（光の子と闇の子）』を高校3年生の講読で、英語で読みました」と答えました。

浦和高校に堀江六郎という倫理社会を担当するすごく立派な先生がいて、東大の文学部の大学院を出た後、浦和高校の先生になったのですが、教科書を使わずに、人間疎外とか神の問題とかテーマを決めて講義していました。それで、私が学校の勉強をほったらかしにしてマルクス主義の本を読んだり、社会党の青年組織（社青同）に入ったりしてチョロチョロしているものですから、このままでは私がどこの大学も行けないのではないかと心配していました。それで、英語の力だけはつけなくてはいけないというので、私が関心を持ちそうな問題で、なおかつ読んで意味があるということで、私にニーバーを薦めたのです。

ニーバーによると、第二次世界大戦中アメリカは共産主義を嫌うけれども、共産主義者は「光の子」なのです。もちろん民主主義者も「光の子」です。ただ、この世においては「闇の子」の力のほうが強い、ナチスのように。それを聖書とのアナロジーのなかで説いていくわけです。ナチズムとか日本の軍国主義というのは、力によって潰さなければならないという、そのあたり、キリスト教イコール平和主義だと思っている私にとっては、冷や水を浴びせられる本でした。

そうしたら面接をした先生が言うわけです。「難しかったんじゃないの、なかなか」「歯ごたえがありました。でも面白かったです」「リチャード・ニーバー知っています?」「ラインホルド・ニーバーの弟さんでしたよね。」「うちの竹中(正夫)先生、リチャード・ニーバーのところで勉強していますから、ラインホルドのことも結構知っていますよ。それで試験はどうだった?」「うーん。なんとかなると思います……」「はい。それじゃあ結構です」。そう言われて扉から出ていったところで、「ちょっと待って」と呼び止められたわけです。「ほかの大学に合格しても、うちに来てくださいね」(笑)。「面白い学生生活が送れますよ」

この面接をしたのが樋口和彦先生で、河合隼雄さんと同時期に、ユング心理学を日本に導入した第一人者でした。ちなみに試験監督だった緒方純雄先生は、シュライエルマッハーの研究家で組織神学者です。私の卒業・修士論文の主任教授になります。ほかのいくつかの大学も受かったのですが、そういう経緯があって同志社へ行きました。神学部でもし水が合わなければすぐ東京に戻って、もう1回予備校に通おうと考えていました。浦和高校の学生は文化系だったら東京大学とか一橋大学とかを目指しますし、基本的に理科系の高校でしたから、どこかの医学部とかに方向も変えようかなと思ったのですが、神学部が面白くて仕方なくなりました。

とにかく神学館の図書室には面白い本が山ほどあります。それと、神学部には独自図書室があるわけです。そこに一人ひとり使える机があります。そこで、1冊十数万円するような神学書が、館内で読んでいいだけでなく、借り出せます。その代わり教授が連帯責任でサインをして、もしなくした場合は教授が弁済しなくてはいけない、そんなシステムでした。

私はまずニーバーを読みました。ニーバーを読んでいるうちに薄っぺらな感じがして、カール・バルトを読み始めました。難しくて分かりません。それでボンヘッファーに関心が移りました。かっこいいのですがしっくりしない……。そんな感じで遍歴をしていたのですが、特にボンヘッファーとバルトを読んで、よく分かったわけです。「なんだ、マルクスやフォイエルバッハが言っている宗教批判というのは、もっとラディカルな形でバルトやボンヘッファーがしているじゃないか」。ですから、当時失恋して会いたくない人がいたとか、マルクス主義かなんかで調整をつけなくてはいけないとか、そういうような子どもらしい悩みは半年くらいでぶっ飛んでしまったのです。

■日本キリスト教会吉田教会に通う

教会の五十嵐喜和先生から私に声がかかったのは、神学部への進学が決まった後です。確か

2月の終わりに、五十嵐先生から母に連絡が入って、神学部に行くのだったらぜひ話をしたいということで、お会いして話をしました。確かそのときは、講談社現代新書で出ていた渡辺一夫さんの『ヒューマニズム考』の話をすると同時に、私がエルンスト・マッハの話をして、経験批判論に関心があると言いましたら、「後の文字のマッハだけ一緒なんですが、神学部に行ったらシュライエルマッハーという人の勉強をすることになると思いますよ」などという話を五十嵐先生としました。「京都には（日本キリスト教会）西部教会と吉田教会の二つの教会がありますが、おそらくあなたには、吉田教会のほうがいろいろな意味で肌に合うと思います」ということで、吉田教会を紹介してもらいました。それで吉田教会に通うようになったのです。

この教会が面白い。戦前から牧師をやっている今村正夫先生なのですが、戦時中は何度も検挙されたということです。今日も礼拝に誰も来なかったという日が戦時中には結構あったということです。私が通っていたころは、お昼は教会が80人くらいでいっぱいになるのです。夕礼拝は青年たちが来るのですが、人数は少ないです。大体いつも来る人は私を含めて二人か三人なのです。先生の家に猫が5匹いて、この猫が昼の礼拝には出てこないのに夕礼拝には出てきます。それで今日は猫と教会員の数と、どっちが多いかとか（笑）。先生の説教を聞きながら猫もこうやって俯（うつむ）いて、僕らも目をつぶって熱心に聞いています。それで私自身洗礼を受けたいと話しましたら、「分かりました。小会に諮りましょう」。それから、「献身するつもりはありますか？　もし献身するつもりがあるのでしたら、同志社の出身でも大丈夫です」とのことでした。

日本キリスト教会というのは、中会ごとに権限がありますから、関西の中会で試験問題を作ります。同志社の卒業でも日本キリスト教会で教職者になることもできますと言われたのですが、私は召命感というのがよく分かりませんでした。ですから「神学の勉強はするけれども、献身するつもりはないです」と言いました。本当は「献身する」という意志表示をしておけば、あの教会は熱心でしたから奨学金がたくさんもらえたと思いますが……。それもせずに、日曜学校の先生だけをやっていました。その日曜学校で教えた子の中で、一人同志社の神学校に行った人がいます。

■当時の同志社大学神学部

私が同志社にいたころの神学部は、半分しかキリスト教の信者がいませんでした。他大学の神学部は牧師からの推薦状と洗礼がまず必要ですが、同志社は学園紛争の後、一切そういったものをなくしていましたから、新興宗教幹部の子どもが結構入ってきていました。金光教の後継順位第三位などが、第一候補と第二候補が死んだときに備えて、方々のほかの宗教のところにとりあえず送っておいて、友達を作っておくという、そういう戦略でキリスト教を勉強しているのです。とても不思議な神学部でした（笑）。

当時は4単位しか必修がありません。そうするとギリシャ語ができない神学生なんてゴロゴロいますし、日本語で新約聖書を通読したことがないという恐ろしいやつもいて、それで就職がなくなると牧師になりたいなんて言い出します（笑）。だから今でもその類いの牧師は同志社系の教会に行くと分かります。イエス様のおられたときには父なる神はいなくなり、それで聖霊の時代になるとイエス様も神もいなくなるというような説教を聞くと、大丈夫かなと思います。様態論そのものです。私はそういう後輩に「お前、昔だったら火あぶりだったな」と皮肉を言うわけです（笑）。真面目な話で言いますと、同志社は新島襄の時代からユニテリアンの陰があります。ですから植村正久などは新島襄の評価がものすごく厳しく、新島襄なんてしょせん金集めしかしていなくて、教会合同に対してはきわめて後ろ向きだ、と批判した背景にも新島襄が正統派のキリスト教徒ではないという疑念があったのだと思います。

■ある新島襄伝

これは和田洋一さんが書いた新島襄についての解説本で、つい最近文庫化しました（『新島襄』岩波現代文庫）。解説は私が書いています。和田さんは旧日基（日本基督教会）系の日本基督教団室町教会の教会員です。ですから同志社の先生なのですが、完全にカルヴァン派の人です。戦時中に世界文化事件（京都人民戦線事件）という治安維持法違反事件で、久野収さんたちと一緒に捕まります。そのときに同志社は全然守ってくれませんでした。それで太秦署に留置されて、ときどき特高警察が飲みに行かないかとか誘ってきたりして、当時は私が捕まった時などよりおおらかなわけです（笑）。

それで、木屋町に飲みに行こうとか誘うのだそうです。そこで特高警察から和田先生は説教されます。「先生はクリスチャンでしょ？　われわれもちゃんと調べている。先生は勢いで捕まえられてしまった。何にも悪いことはしていない。治安維持法違反じゃないなんてことはよく分かっている。それなのになぜ戦わずに、容疑を全部飲み込んだんですか？　ご先祖様に申し訳ない。もう少し考えたほうがいい」。そんな説教をされて、不思議な状況だったということです。結局予審にかけられて、「何もしていないんです」と証言したら、裁判官も「それじゃちょっと困る」「では、私はまったく意識してなかったけれども、心の奥底で、潜在意識のなかで日本の体制が変わればいいと思っていた。まったく意識はしてなかったんですが……」。そうしたら、「潜在意識か。それでいこう」（笑）ということで、有罪で執行猶予になります。それ以来、「金輪際大学なんかで働くか」と思ったそうです。

戦後になったら、「素晴らしい先生です」と同志社がまた迎えました。ですから、和田先生は同志社の指導部に対してあまり好感を持っていません。どういう関係か、「新島襄伝を書け」というお達しが日本キリスト教団出版局から来まして、和田先生は「私は新島襄の話を聞かされて、いつも新島が神格化されてうんざりしていた。それで同志社中学高校出ながら、大学は京大へ行ったんだ」ということを書いています。新島襄はアマースト大学、アンドーヴァー神学校を出ています。アマースト大学というのは日本ではあまり知られていませんが、難しさはハーバードやスタンフォードと変わりません。新島襄はラテン語とギリシャ語がからっきしできませんでしたから、それで当初は入学資格を得られませんでした。予科に1年行って入ったのですが、どうしても学位を出せる水準に達していない劣等生だったわけです。それでBS（Bachelor of Science）で理学士、要するに人文系がダメでしたよという学位しか得られませんでした。

しかし面白い話があります。新渡戸稲造から新島襄に手紙が来て、「内村鑑三がノイローゼになっている。勉強が全然ついていけない。慰めてやってくれ」ということで、それで「うちの学校に来たらいいよ」といって、内村鑑三もアマーストに来るわけです。やはり成績はダメでBSでした。そういったことは新島襄や内村鑑三を神格化した伝記には全然書いていません。でも和田先生の本にはそれが書いてあります。同志社の人たちに新島襄の素顔を知ってもらうためにすごくいいなと思い、私が今回岩波現代文庫から復刻したのです。でもその中で、新島襄が情熱のほとんどを賭けて、どうして総合大学を作ろうとしたかも書いてあります。あれだけ一所懸命勉強したのについていけなかった。それは能力の問題ではなく、教育システムの問題だ、だから欧米人と互角に戦える教育システムを作らなくてならないというわけです。

この本でさらに面白いのは、新島襄が密出国をしているというところです。当時は捕まったら死刑です。でも明治維新になりました。森有礼文部大臣が訪ねてきて、「お前、ハーディとかいうアメリカ人にお金を出してもらって勉強しているんだって？　日本人だろ。俺たちが肩代わりしてやる。それと同時に密出国の罪はなくして、ちゃんとパスポートを出して帰れるようにするから、日本政府で働かないか」と誘われました。新島襄は言下に「拒否」します。薩長土肥体制のあいつが何を言うか、俺は安中藩の出身だというわけです。同志社のころ教えられたのですが、日本のキリスト教は反体制的だとか、政府に批判的だというのは、左翼だからではありません。旧佐幕派が中心になっているからです。明治維新の薩長土肥体制に対して、そのなかでキャリアを積めない人は教育か宗教にいきました。その土壌が流れているのです。こういうことは非常にいい勉強になりました。

フロマートカとの出会い

同志社では、歴史神学、組織神学、聖書神学を勉強しました。今と違って、当時の同志社に実践神学という専攻はありませんでした。教会での実践について学ぶことなんかナンセンスという時代でした。それで私は、組織神学に傾斜していったわけです。なかでもバルトは一番知的な魅力がありました。ただ、同志社の先生たちはバルトに対して批判的でした。バルトにはものすごい吸引力があるのですが、それなりの恐ろしさがあるということで、それでジョン・マッコーリーとか、シュライエルマッハーとか、ちょっと脇のほうを教えるわけです。

2回生の時、図書を借りようとしたら、教務主任で旧約聖書学の第一人者である野本真也先生が「あなたはロマドカという神学者を知りませんか」と聞いてきました。「ロマドカ」ってメモしたのですが、頭文字がRでもLでも出てきません。それで緒方先生に聴きましたら、「それはHが頭にあるHromádka（フロマートカ）って綴るんだけれども、Hがたぶん黙字（ちなみにチェコ語で語頭のHを発音しない場合はない。なぜロマドカという呼称が生まれたかは謎である）じゃないのか」ということで、それで調べたら神学部の図書室に十数冊著作がありました。この神学者がとても面白い。同志社には『チェコスロバキアからのエキュメニカル情報「(Ecumenical Information from Czechoslovakia)」』というワラ半紙刷りのニュースレターがあって、ルター派とカルヴァン派の合同教会であるチェコ兄弟団福音教会に所属する大学生（ヤン・パラフ）が、ソ連軍の侵攻に抵抗して焼身自殺をしたことを「自殺ではなく殉教だった」と伝える号が91年に出て以来、一切情報がなくなっています。

■フロマートカ

フロマートカという人は、この「プラハの春」でソ連に抵抗した一人です。1918年チェコスロバキア建国の際、プロテスタントによって建国されました。国民の8割はカトリックなのですが、チェコ国家を作るためにはプロテスタントが合同教会を作って、それをベースにしないと国家ができなかったのです。ところがそのプロテスタントはルター派、カルヴァン派に分かれているのですが、実際はフスの宗教改革の伝統にある、隠れプロテスタントの人びとがかなりいたのです。その隠れプロテスタントの人たちがルター派、カルヴァン派を装って、オーストリア帝国の下ではプロテスタントと名乗っていたのです。それが「われわれはフス派なんだから」と、その観点からもう一度一緒になろうということで教会を作り、新しい国を作る原動力となったわけです。

フロマートカというのは、そのフス派の教会の中心に立った一人です。1889年生まれですから、教会合同が行われた1918年には29歳なのですが、フス神学校の校長になります。それでマサリクという初代大統領の側近になりましたら、みんな偉くなりたいので、いろいろな人が教会に寄ってきます。カトリックがどんどんプロテスタントに転宗したので、彼は嫌になってしまいます。こんな日和見主義者がたくさんいて水ぶくれになった教会は嫌だというわけです。それで古代教会史の研究や郷土史研究などを一所懸命するようになります。

ところが1930年代。チェコの教会はかなり反共的で、共産主義ソ連とドイツの軍国主義に対抗するためには、アメリカやイギリスに頼るべきと考えていました。スペイン市民戦争が起きると一部の共産主義者や社会民主主義者はスペインに渡って共和国側を支持しました。これに対してカトリック教会はフランコを支持しました。チェコの大多数の人は全然その問題に関心がなかったのですが、フロマートカが「大変なことになっている。これはスペインの問題だけでなく、明日、ヨーロッパ全域の問題になるだろう。背後の問題はファシズム。とりわけドイツのナチズム、ヒトラーだ。だから共産主義者や社会民主主義者と連携して、スペイン共和国軍を支援しなければならない」という話になるわけです。みんなびっくりしました。あんなに教会史の研究だけをやって、政府に近い人間で、エスタブリシュされたフロマートカが何を血迷っているのだ。フロマートカから言えば、「なぜみんな見えないんだよ、俺たちのことだぞ！」

そしてどうなったか。1938年のミュンヘン会談でヒトラーは「戦争を起こさないため、平和を最終的に確立するために、チェコスロバキアのズデーテン地方を割譲しろ」と要求し、それで、ミュンヘンでドイツ、フランス、イギリス、イタリアの代表者が会談します。ドイツはヒトラー、イタリアはムッソリーニ。この連中が来るとき、チェコの代表団は呼ばれもしません。彼らが押しかけて行っても隣室で待たされて、自分の国がどうなるか、それをただ見ているしかありません。結局はイギリスもフランスも平和を維持するためにズデーテン地方の割譲を認めてしまいます。

そのとき、スイスからバルトがフロマートカへ公開書簡を発表しました。「いまナチスの目に睨まれて、ヨーロッパは怯えあがっている。しかし、あなたたちはフス派の子孫だ。武器を取って戦え」。おかげでフロマートカはゲシュタポに狙われて、逮捕命令も出ます。逮捕されてはかなわないというので、フロマートカは命からがらスイスに逃げ、スイス経由でアメリカ・プリンストンに行きます。バルトというのは人のことを考えないで、ときどき自分が絶対正しいと思ってこういうことをする（笑）。バルトのせいで死んだ人はかなりいると思います。

■平田正夫先生

１９４３年の後半になると、連合国の勝利が明白になってきます。そうすると砂漠にある日系人収容所に入れられている日本人の中で、アメリカに敵対しない者は解放されます。その中に平田正夫先生がいました。確かほかにも土山牧羔先生、小平尚道先生と韓国人がいました。でも誰も身元引受人になってくれないわけです。フロマートカはそこのところで、敵国人だけどいいよ、亡命者、難民になっている苦労というのは、それをしている人間でないと分からないからと、それで受け入れます。

しかし、平田先生がフロマートカを訳しているといっても、平田先生のエキュメニズムに関する考え方がフロマートカと一致していたとは思えません。なぜかというと、1980年代初め、日本キリスト教会もNCC（日本キリスト教協議会）に加盟するべきじゃないかという議論が起きて、吉田教会の今村正夫先生などは加盟派でした。そうしたら平田先生が論考を書いて、趣旨としてはNCC系は共産勢力と提携しており、民族解放運動、武装闘争を支持しているきわめて危険な団体であるから、こういう団体と提携するべきではないとの主張です。

ちょうど日本基督教団のなかでその当時、福音主義教会連合というグループの動きがありましたので、平田先生もそこと比較的近いんじゃないかという印象で、かなり保守的というか反動的だと私は思っていました。だからあまり会いたくないなと思いつつも、平田先生のフロマートカの話を聞きたいということで、手紙を出しました。そうしたら時間を作りましょうということで、会ってくださいました。

平田先生は会う前の印象とまったく違う人でした。フロマートカという人は邪気のない人で、彼の下でドストエフスキーの勉強もしたし、弁証法神学についても知ったし、当時のアメリカ人たちについても初めて知ったと話されました。フロマートカの自伝を見ますと、「アメリカ人はいい人たちなんだけれども、ロマン主義が分からない。だから人間の非合理的なところの洞察力が低いんだよね」と、こんなことを言っています。

■チェコに帰国したフロマートカ

1947年になってフロマートカはチェコスロバキアに帰国することを決めるのですが、それまでに3回ほどチェコを訪問します。当時、彼はロンドンにあるベネシュ亡命政府を支持していました。チェコの亡命政府はロンドンの政権とモスクワの共産党系の政権との二つに分かれていて、彼はそのロンドン亡命政権の活動家の一人でした。このロンドン亡命政権のほうは、刺客を送ってナチスの幹部を暗殺するということをやっていたわけです。フロマートカは絶対平和主義者ではなく、状況によっては力の行使も必要だという発想があります。バルトもそうでした。だからこの、場合によってはテロ活動も行うというロンドン亡命政府を支持していたわけです。

ですから自分は戦っていたと思って、チェコに3回行きました。そうしたらみんな、冷たい対応をする。もちろん「お前は逃げた」とは誰も言いません。本国に残っていたら確実に絶滅収容所に送られ、殺されていましたから。それは分かるのですが、「お前は戦った」とは誰も認知してくれなかったわけです。それでフロマートカは「私はバルコニーの上から歴史を見ていた」との結論に至り、帰国を決めます。

チェコに帰った後、ほとんど消息が分からなくなります。かつてのフロマートカの同志やいろいろな人たちが、彼は共産主義に協力する第五列になったと非難します。だからラインホルド・ニーバーなどは「フロマートカを世界教会協議会の理事会から除名しろ」ということを主張するようになりました。ブルンナーは徹底して、バルトに対してフロマートカのことで「なぜ彼を弾劾しないのか」と批判します。こういう状況下で、フロマートカは沈黙しています。

■プラハの春――ソ連に抵抗

ところが1960年代の初めから平和運動が本格化して、そのなかでキリスト者平和会議ができます。日本だとバルトの翻訳などで有名な井上良雄先生とか、あるいはバルトの下で学んだ小川圭治先生とか、新約学の佐竹明先生とか、こういう人たちが積極的に関与しました。そして1968年に「プラハの春」が始まった時、ソ連軍を中心とするワルシャワ条約の5カ国の戦車が介入してきます。そうしたら、マルクス主義者とキリスト教徒との対話をやっていて、東側に近いと思われていたフロマートカが抵抗の中心に立って、ソ連大使に向かって「一刻も早くソ連軍を引け。それのみがわれわれの傷ついた心を、若干だけ慰めることに貢献するかもしれない」と、ソ連を非難し、侵略を糾弾するという手紙を書き、公表しました。それは、みすず書房から出ている『戦車と自由』という本に収録されています。「福音と世界」にも特集号があります。

ところがその後のフロマートカの消息は、ほとんど伝えられていません。翌1969年の12月にプラハで死亡したということしか分かりません。神学生時代、いろいろ調べてみたのですが、西側で出ている文献ではそれ以上のことは分かりません。私が、チェコのコメンスキー神学校やプロテスタントのカリフ出版社に手紙を書いても返事が来ません。唯一来たのは、キリスト者平和会議というところからの手紙で、「関連の資料を送ります」という短い文面とともに、『アムステルダムからプラハへ』と題するフロマートカについてのドイツ語の論集と、最近出たキリスト者平和会議の英文機関誌が入っていました。その後、キリスト者平和会議の機関誌とニュースレターは英語版でいつも私の下宿に送られてくるようになりました。私はどうしてもフロマートカについて知りたかったと同時に、キリスト教を原理的に認めない共産主義体制のなかで、キリスト教はどのような意味を果たすのか知りたかったのです。

チェコスロバキア留学への思いから、外務省へ

チェコスロバキアに留学しようと思ったもののその術がありません。なぜかというと、当時は政府間の交換留学しかなくて、そのなかに「神学」という部門はなかったからです。ですから同志社の神学部の先生たちも、いろいろ考えてくれました。スイスに留学するとスイスミッションの奨学金で2年に一人ずつ枠がある。それを使ってスイスからチェコに行けばいいんじゃないかと勧められました。私はそれには魅力を感じませんでした。やはりプラハに住みたかったのです。そうすると私の指導教授の一人だったクラウス・シュペネマン先生が、東ドイツのライプツィヒ大学はどうかと提案されました。ところが東ドイツ時代にはカール・マルクス大学に改称されました。ドイツの総合大学というのは神学部がないと総合大学を名乗れません。神学部によって目には見えないけれども確実に存在するテーマを扱います。虚学ですね。それ以外の学問は全部実学です。その両方があって初めてユニバーシティなのです。それは東ドイ

ツでもそうです。ですからカール・マルクス大学にもプロテスタント神学部があったのです。そのプロテスタント神学部に非常にいい准教授がいるから、そこに話を通して東ドイツに留学しなさいということです。

しかし、それも嫌でした。なぜかと言いますと、東ドイツでは「新二王国説」という神学が支配していたからです。ルターの二王国説を社会主義体制にも適用して、体制としては東ドイツ体制を支持するのですが、信仰は内面に特化していくということで、敬虔主義のシュペーナーの研究などが進んでいました。東ドイツに留学しても、チェコでは何を研究しているのか全然分かりません。

フロマートカの弟子たちですから、きっと何かをやっているに違いありません。ミラン・オポチェンスキーというのはまさにそういう人で、１９６８年の「プラハの春」の時には世界学生キリスト教連盟の幹事で、ジュネーブにいました。彼は１９７２年にチェコに帰ってきますが、その後、出国できなくなりました。博士論文を書いたのですが、論文もチェコでは発表できません。そこでドイツのカイザー出版から神学書を出しました。このミランが、この後私が最も影響を受けて、個人的にも親しく付き合う神学者になるのです。

それで唯一の方法というのが、外務省の専門職員で入るとチェコに行けるのです。ですから、勉強して外務省に入りました。私はチェコのことを一所懸命やりたくて、「こういった業績があります」と人事課に出しました。そうしたら「この野郎、すぐに辞めて学者になるつもりだな。それなら行き先はロシアに変えてやれ」と、こうなって人生が変わってくるわけです。

いろいろな巡り合わせがあるのですが、今になって考えてみると、それは私なりに、この福音の道をどうやって歩んでいくか、そのなかでのジグザグなのです。ですからソ連崩壊に遭遇することにもなりましたし、北方領土交渉に関与することにも、日本の権力の中枢をみることにもなりました。東京地検特捜部にもお世話になって、512日間独房で暮らすことにもなりました。それがなかったら作家になることもなかったし、神学的な作業を本格的に再開することにもなりませんでした。すべては巡り合わせなのです。

母の信仰

もう一つ、ここで加えて言っておかなければならないのは、やはり私の母の信仰のことです。

母が洗礼を受けているということは、私が洗礼を受けたいと言った時に初めて知りました。母はどういうわけか、洗礼を受けているということを人には言いませんでした。母に言わせると「誰も聞かなかったから答えなかった」ということです（笑）。ですから日本キリスト教会の伝道所も伝道教会になって、毎月きちんと聖餐式ができるようになったにもかかわらず、母は聖餐式にあずかっていませんでした。これが、母の信仰の独自性だったのです。

■母の生い立ち

私の母は1930年に沖縄の北大東島で生まれました。本当は久米島出身なのですが、どういうことかと言いますと、久米島は現金収入がほとんどないところですから、現金収入が欲しい人は北大東島に出稼ぎに行きました。北大東島というのは、明治時期に見つかった無人島です。なぜみんなそこに出稼ぎに行って儲かるかと言いますと、何万年にもわたってアホウドリの糞が積み重なっていて、それがリン鉱石となって、切り出したら売れるとともに、アホウドリの糞で土地がものすごく潤沢ですから、サトウキビを植えるときわめて糖度が高いサトウキビができるのです。

ですから私の祖父は北大東島に行っていました。ところが1年以上帰ってきません。北大東島でいい人ができたのではないかと思って、私の祖母は心配になって追いかけました。もっとも北大東島はいい人ができるような環境ではないのです。そうしたら、祖母がそこに行った時に、私の母親が生まれたわけです。ですから、そこで1年くらい滞在しました。それでまた久米島に移ってきたのです。

■小児麻痺の大流行

母が2、3歳の時、久米島では小児麻痺が大流行しました。当時、離島での感染症がとても怖かった。久米島というのは18世紀の中ごろに大きな疫病があって、人口が1万くらいから5千くらいに減ったことがあります。現在の人口は8千数百人ですが、当時母がいたころは、1万4、5千くらいの人口がありました。それなのに医者どころか看護師もいません。誰も近代的な医療知識を持っていません。ですから中国伝来のやり方で悪い血を抜くといって、泡盛かなんかを吹っかけて、カミソリで肩を切って、そこからうっ血を出すという民間療法（ブーブー）くらいしか知らなかったわけです。幸いにして母は生き残りました。麻痺も右手の薬指と人差し指に若干残ったくらいで、見た目にはほとんど分かりません。ただし重い物を持つことができません。当時久米島に生まれた女性のキャリアパスは、農家のお嫁さんになって子どもを作って農業をやるということです。ですから手が不自由だと、おそらく結婚はできないだろうという不安がありました。

学校の成績は良かった。そうしたら親戚で経済的に若干余裕がある人がいまして、本島の昭和高等女学校という私立の女学校に進学しました。１９４３年のことです。

■母の沖縄戦

１９４４年の半ばからは、陣地の構築で授業はほとんどありません。１９４４年10月10日、沖縄の沖の米軍の航空母艦から大空襲が行われ、那覇と首里は壊滅します。その後、学校の校長先生から「３、４年生は学徒隊に入れ」と指令が出ます。ですから「ひめゆり学徒隊」というのは、第一高等女学校と、女子高等師範学校の生徒によって構成された学徒隊です。昭和高等女学校から送られたのは「梯梧学徒隊」となりました。母は2年生で、１、２年生は故郷に帰れと言われました。ところが久米島に行く船は全部焼けていて、１００キロ離れた島まで泳いで帰るわけにもいきません。それで途方に暮れていたら、母の二人いた姉のうち21歳の長姉が、第62師団、通称「石部隊」の軍医司令部に勤めていたので事情を話したら、それなら雇おうということになりました。きわめて異例なのですが、母は14歳で発令を受けて軍隊に雇われ軍属となりました。軍属は給料をもらうし、兵隊より位は上で、下士官級の扱いになります。

そうやって母は沖縄戦に従軍しているわけですから、母の沖縄戦の見方というのは、通常の沖縄戦に遭遇した沖縄県民に比べると、日本軍に対して甘いのです。たとえば首里から摩文仁に下る時に、壕から出たところで、あるお母さんが倒れていて子どもが横で泣いている。そうしたら私の母の長姉が、「あんたたち壕から追い出したる」と食ってかかりました。母はそういう情景も目撃しました。ただ爆弾が降ってくると母の上に被さって守ってくれた日本兵もいました。東京外国語大学の前身の東京外事専門学校出身の通訳兵が耳打ちして、「アメリカ兵は絶対に女、子どもは殺さない。だから捕虜になれ。手を上げて捕虜になれば絶対に助かるから、命を無駄にするなよ」と言われたこともありました。

母を雇う時に一役買ってくれた大尉は戦闘が始まる前に腸チフスで死んでしまうのですが、死ぬ前に母を呼んで、「俺が死ぬからこの戦争は負ける。けれども、この戦争に負けたくらいで日本民族は滅びない。あんたは、とにかく生き残れ。戦争は俺たち軍人がやられれば十分だ。あんたはいい男を見つけて必ず結婚して子ども作れ。生き残るんだぞ」。こう言い残しました。こういう記憶が母にはあるわけです。

■「石部隊」

母が「一番たいへんな戦闘」と言っていたのは、浦添の前田高地の激戦でした。「石部隊」というのは最前線で戦わなければなりませんでしたから、損傷率が高かった。その時米軍はガス弾を使いました。毒ガスではないのですが、窒息して死ぬのです。吸い込むと喘息になります。ガス弾が壕に投げ込まれた瞬間、母はガスマスクを付けたのですが、ちょっとガスを吸ってしまいました。本格的に吸った周りの人たちはみんな死んで、母は生き残りました。ところがその後遺症があって、日本に来てしばらく経って喘息の発作に襲われました。ステロイド剤が普及するまでは喘息が出て、生きるか死ぬかみたいなことが何度もありました。前田高地の激戦で何とか生き残った後、首里に行くわけです。

「石部隊」はほぼ全滅です。バラバラになって、近くにいるほかの部隊に合流しろと言われ、そうしたらもう日本は敗残部隊と化していました。下士官から手榴弾を二つもらって、「何かあったときに自決しろ。一つだと不発で自決できない可能性があるので、二つ渡す」と言われています。米兵に捕まった後は犯されて、そのあとはまず鼻と耳を削がれる。そして捕まった人がさんざんひどい目に遭わされるのを見せた後、最後は目を抉り取って、そして戦車で引き潰されるんだぞとか、女は裸にして戦車にはりつけられるぞとか、そうなる前に「日本人だろ、自決するんだ」。こういうふうに言われたわけです。母が、手榴弾が二つとも不発だったらどうするんだと聞きましたら、そうしたら舌を噛めと言われました。母は舌を噛めるかどうか試しに噛んでみたのですが、やはり痛くて噛みきれません。手榴弾が爆発しなかったらどうしようと、それだけを心配していました。

■摩文仁の丘

3人姉妹で逃げてきたのですが、摩文仁の丘に上がってきたところで真ん中の姉が弾に当たってしまいます。それで一番上の姉が真ん中の姉を介抱しているうちに、母と離ればなれになってしまったのです。そして母だけ摩文仁の頂に着きます。摩文仁の頂から浜に降りてみると夏の夜の上野駅のようでした。ただ、違いはすごく明るい。5秒おきくらいにアメリカの照明弾が上がってきます。それとともに弾が飛んできます。海岸にはお腹が風船のように膨れた死体がたくさんあって、そこからとんでもない臭いがして、鼻も麻痺します。

母が入ったガマという天然の壕（洞窟）には17人が隠れていました。民間人の母を含む二人のほか、15人は軍人です。そこでお手洗いと水汲み、ごはん焚きに行くのは順番でと約束しました。もし米兵に見つかったら自決するか、別の場所に行くという約束もしていました。ある夜、母が摩文仁の井戸に水汲みに出かけたら、そこに下士官が2人寄ってきました。井戸は一つしかなくて、周りは死体の山です。下士官たちから「私たちは牛島満司令官と、長勇参謀長の当番兵だ。これから自決するからお前らは出ていけ。もう戦争は終わるんだ」と告げられました。沖縄の慰霊の日は6月23日になっていますが、実証研究だと6月22日に牛島司令官と長参謀長は自決しています。

それから数週間、母はガマにいました。あるとき日本兵が米兵に捕まって戻ってきました。そうしたら横で一人の若い米兵が、自動小銃を持って震えているのです。それはそうです。ガマの中は見えないし、三八式歩兵銃が15丁並んでいるわけですから、いつ撃たれるか分かりません。その横に今度、語学兵が来て、へたくそな日本語で「デテキナサイ、テヲアゲテ、デテキナサイ、コロサナイヨ」と説得します。母の手榴弾は、安全ピンを抜いてサンゴ礁の壁に叩きつければ、3秒から5秒で爆発します。しかし母は一瞬、躊躇したのです。どれくらいの時間躊躇したのか聞きましたら、2秒はない、1秒強くらいだったそうです。そのとき、隣にアヤメという名前の、髭が伸びた「山部隊」に所属する伍長が、「死ぬのは捕虜になってからでもできる。ここは生き残ろう」と両手を上げました。こういう経緯で母は生き延びたのです。

■特攻隊兵士の遺品を預かる

母は、ありとあらゆるポケットの中に、写真と手紙を山ほど持っていました。沖縄は航空決戦をやるはずでしたから、特攻隊の兵士たちがたくさんいました。ところが、飛行機が全部やられましたので、米軍の陣地へ「切り込み」に行ったわけです。この「切り込み」というのはまったくナンセンスな攻撃で、日本刀と手榴弾を持って、あとは三八式歩兵銃だけで厳重警備している米軍基地に深夜突っ込んでいくのです。成功確率はゼロ、だから全滅です。

ところがそこに行く兵士たちが、私の母に写真や手紙を託すのです。母は女性の中でもまだ若いし、もしかしたら生き残れるかもしれないとみんなが思ったからでしょう。特攻兵たちは、手紙を妻に、あるいは子どもに、妹に、母親に届けてくれと母に託しました。母はこれらの手紙や写真なんかを大量に預かっていました。

手紙類は捕まった時に全部米兵に没収されてしまったのですが、ポケットの奥深くに、太鼓のお守りだけは一個残りました。田口輝男という少尉から預かったもので、私の母が沖縄戦に従軍したという物証はそれしかありません。戦後、結婚した後、私の父が厚生省を通じて調べたら、田口少尉の母親が見つかりました。それで、母親にお守りを返しに行きましたところ、その母親は、「息子が黒砂糖を送ってきたので、どこか南方にいると思っていた。戦死した場所も、正確に沖縄のどことは知らなかった。だからホッとしました」と言いました。ただ、すでに再婚して新しい生活を始めていましたから、昔の子どもについてはあまり話したくないという感じでした。それで1週間経った後、手紙とその太鼓のお守りを送り返してきました。「このお守りは、戦争中あなたと一緒にいたんだから、あなたが持っていたほうがいいでしょう」という手紙が添えられていたそうです。

私の母は2010年の7月に死んだのですが、遺品を整理していましたら琉球漆の箱が出てきて、何かなと思ったら、その太鼓が入っていました。「田口輝男少尉より預かる」と書いてありました。繰り返しますが、母が沖縄戦に従軍したという物証はそれしかありません。母は米軍に大浦湾、今の辺野古、あそこの収容所に連れて行かれます。当時アメリカの政策は、沖縄人と日本人は別民族という考え方でした。それで沖縄地区に収容されて、しばらく経って久米島に帰りました。久米島に帰ったら、知り合いの十数人が日本軍に殺されていました。特に親しくしていた朝鮮人のおじさん、谷川昇さん（日本名、本名は具仲会と思われる）の一家はスパイ容疑で、小さい子どもまで殺されているのです。赤ん坊は火の中にくべられたそうです。

それを知って、結局のところ日本というのは何だったのかという思いと、当時天皇制で叩き込まれた教訓と、これが母のなかで葛藤します。それで母は、結婚する気にはなりませんでした。その代わり自分は看護師か保健師になろうと考えました。それで離島を回って、衛生を普及させ、自分のように小児麻痺にかかったり、あるいは衛生状態が悪くて死ぬ子どもとか、沖縄の離島でそういう子どもが少しでも少なくなればという仕方で一生働きたいという思いでした。

母は高校を出た後（中退かもしれない）、コザ、今の沖縄市に開かれた看護学校に入りました。

■母の受洗

そのとき看護学校に日本基督教団から宣教師が来ていて、そこでみな洗礼を受けました。母に言わせると、考える間もなく全員受けさせられたそうです。よく聞いてみると、それが旧日本基督教会系の牧師でした。だから彼女は日本基督教会に所属しているという意識が常にあったわけです。母は洗礼を受けて、キリスト教というものが自分にとっての不動の価値になった、それと同時に絶対的な平和主義者となり、それはもう社会党の熱心な支持者になりました。どんなに努力しても平和を実現しなくてはいけないという信念です。

ただ、その後、教会でも自分が洗礼を受けているということを言えなかったのには、一つの大きな理由があります。実は、母は靖国神社に隠れてお参りに行っていたのです。というのは、自分の姉とか、靖国神社で会おうと言って死んだ日本兵たちへの思いというものがあって、彼女の心象風景のなかでは、やはりその人たちの魂は靖国神社にいるのです。一方で日本キリスト教会の教会に行くと、反ヤスクニ闘争というのは非常に重要な課題の一つで、母にはそこのところの折り合いがつかなかったのです。今になって想像すると、母は洗礼を受けたという話を切り出す機会を失ったわけです。

ですから、あの人の生涯を振り返ってみると、日本人であり、沖縄人であるという、アンビバレントな感覚を整理しない形で生きてきたのです。あるいは整理しないと決めていたのです。もし母が、たとえば摩文仁の壕にいて、日本兵が「子どもを泣かせるな、敵に見つかるじゃないか」と言って、母親に子どもを殺させるのを見ていたり、あるいは日本兵が自ら生き残るために沖縄人を殺す姿を目撃していたら、母は絶対に日本人とは結婚しなかったと思います。ましてや私が外交官になることも絶対に反対したと思います。

ですからそういう意味では、あの人はいろいろな意味でアンビバレントな感覚を抱いたまま、それを十分に整理しないと決めて、一生を送ったと思います。私の場合は、そのことを整理することが、私の生きるうえでは一つの目標で、それが母から引き継いだ事柄だと思っています。

どこに帰属しているのかを知る

私は同志社大学神学部に入って感じたのが、自分の母体が日本キリスト教会だということで、それゆえに組合教会系の同志社の先生たちから非常に大切にされたということです。藤代泰三というキリスト教史の先生がおられますが、あるとき私がいないところで、ほかの学生たちに向かって「やはり佐藤君はきちんと訓練を受けている。日本キリスト教会の人たちは信仰告白のことをきちんと分かっている」と言っていました。「われわれ会衆派教会は信仰告白がないと勘違いしている人が最近多い。会衆派教会は個別教会で信仰告白を作らないといけない。だからひと昔前の会衆派教会に行くと、説教壇の下に巻き物があって、そこにその教会の信仰告白があった。この、信仰告白できちんと訓練を受けているということが非常に重要なんだ」と藤代先生は強調していたということです。

■日本基督教団の現状を危惧

後でそれを聞いて、確かにそうだと思いました。自由に神学を勉強しているということと、無免許運転を許容していいということ、これは全然違います。日本キリスト教会が今どうなっているか分かりませんが、私は日本基督教団の現状を非常に危惧しています。日本基督教団に残留している旧日基系の人たちというのは、一方で実態とかけ離れたところで公同教会ということを主張し、他方ではものすごく厳しい調子で規律重視という形で、たとえばフリー聖餐をやっている教会の牧師を排斥しています。しかもその牧師の地位に関して、世俗の裁判所で争っています。教会の事柄をなぜ国家権力のところにもっていくのか、まったく整理ができていません。

それから教会の経済状態が苦しいでしょう。特に日本基督教団内で自立できない第二種教会の運営は大変なのです。しかし教会政治で考えると、自分たちのグループが一つでも多く教会を持っていたほうがいい。そうすると、60歳を超えて第二の人生を牧師として送るという人に目を付けるわけです。年金があるので謝礼を払う必要がないからです。ただ率直に言って、私もバックグラウンドをよく知らないから言うのですが、偉そうなのですね、そういう人たちは（笑）。おそらく50代終わりくらいまで「これコピー取って」とか、「この書類持っていって」

とか、そういう扱いを受けてきたから、「人生の残り20年は先生と言われて暮らしたい（笑）」。こういう動機で神学校に入ります。牧師として献身するという召命を感じていると言われたら、それを外部から否定できませんから。しかしそれで本当に牧会的な配慮ができているのか、私は疑問に思っています。

同志社は今、９割が非キリスト者ですから、残りの１割がクリスチャンで、そのうち牧会の現場に出てくるというのは、半分くらいです。だから牧師になる人は慢性的に不足していて、ここをどうするかというのは大きな課題です。少なくとも信仰的良心というところに疑いがあるような人は弾く、という仕組みはできています。

ただ、いま非常に心配なのは、同志社、旧組合系の人たちを見ていると、日本基督教団に帰属しているという意識は率直に言ってほとんどありません。個別の教会のことが重要であって、教団のことはどうなってもいい。かといって、旧組合系のなかでもう１回自立して組合教会を作るという気概もない。そういうところを見ていくと、私は今回、日本キリスト教会の『教会員の生活』を３回読んだのですが、やはり非常によくできていると感銘を受けました。日本キリスト教会の考えていることの基本線、その型を外さない。その流れに沿って教会形成がきちんと行われていることが分かります。

■日本キリスト教会から日本基督教団へ

私自身は日本キリスト教会の教会から日本基督教団の教会へ、教会籍をなかなか移せませんでした。１９８６年に日本を離れたのですが、95年までは形のうえでは吉田教会に籍がありました。どうしても意識のなかで、私は日本キリスト教会の人間で、そこで覚えたことが重要だという認識があったからです。しかし同志社大学神学部を出て、教会教職者になったわけではないのですが、日本に帰ってきて、いざ教会に通うことになりました。個人的なことを言いますと、今は離婚しましたが、当時の妻は教団の牧師のお嬢さんです。彼女は私と結婚して学部を終えただけで私と一緒にモスクワで住むようになったのですが、もう一度神学部の大学院で勉強して教会教職に就きたいと言っていました。協議して、それだったら夫婦は同じ教会にいたほうがいいだろうということで、私も日本基督教団に移りました。

日本基督教団に移ってから、会衆派教会の伝統をもう1回勉強し始めると同時に、新島襄についても、もう1回きちんと勉強していくと、会衆派系の教会にも良さがあると分かってきました。会衆派系の教会は個別教会がすべてですから、首都圏に住んでいるからといって、関東地方の教会に行かなくてはいけないという理由はないわけです。ですからいま私が所属しているのは、京都にある日本基督教団の賀茂教会です。礼拝にも年に十数回参加しています。

改革派・長老派の神学

神学はやはり生きている神学でないとダメです。たとえば蓮見和男先生が訳したH・G・ペールマンの『現代教義学総説』があります。実はこれは同志社大学神学部の中級レベルのテキストに指定されています。まず入口はアリスター・マクグラスの『キリスト教神学入門』で学びますが、その先のところでは、このペールマンを使います。なぜかと言いますと、古プロテスタンティズムに関しては、おそらく日本語で読める中で最も優秀な著作だからです。こういう作業は、東神大の人たちにも、同志社の人たちにも関学の人たちにもできません。日本キリスト教会の人たちが、やはりその部分をきちんとやっているわけです。日本キリスト教会の神学者は教義に対する思いが強いのです。その意味では、新日キの人たちというのは、日本基督教団に残った旧日基系の人たちと比べたら、教義の問題については真面目に取り組んでいますし、大きな業績を残しています。少し古い本になりますと『主の祈りと山上の説教』という、佐藤泰将先生の出された本もそういった試みです。きわめて高い神学的なレベルのものを、牧会の現場にどう生かしていくかということを考えて作られた本です。

さて、神戸に改革派神学校がありますが、多くの神学的業績をあげている神学校ですが、あそこはファンダメンタリスト的なところがあります。プロテスタンティズムのなかでも、どこまでをプロテスタント神学といっていいか、よく分からないときに、比較的堅いところの、はっきりとした型のなかにはめたほうがいいという誘惑に駆られやすい。ここからファンダメンタリズムへの誘惑が生まれてきます。ですから教義学系の本というのは改革派からたくさん出ているのですが、すっきりしすぎているところがある。現実に「生きている教会」に型にはまった教義を機械的にあてはめることは避けなくてはなりません。日本キリスト教会はその点においては、ファンダメンタリスト系の硬直した教義学書がピントがずれているのとは違って、現実の社会のなかにある問題に正面から目を向けていきます。日本キリスト教会の伝統はそこのところに生きています。ですからみなさんは、存在論的な思考、根源的な思考ができると思うのです。

パラダイムの同時進行

今の世の中を考えるうえで非常に難しいことは何かといいますと、パラダイムの異なる出来事が同時に進行しているわけです。たとえばTPP。人とお金の移動が自由になるというのは、近代的なネイションステイト（国民国家）、国家主権というものが崩れていくことです。言語のバリアが崩れてきていることは、ポストモダン（近代以降）の現象です。しかしそれと同時に、日韓首脳会談のなかにおいては、歴史認識をめぐって慰安婦問題で深刻な対立が生じています。あるいは竹島問題や尖閣問題において、国境をめぐる問題が非常に深刻になってきています。これは主権国家を前提としていますから、モダン（近代）な問題です。モダンな事柄とポストモダンな事柄が同時に進行しています。

さらに深刻な国際問題になると、モダンとポストモダンだけで考えることができない、たとえばシリアです。シリアの難民が大量に流出しているというのは、情報の行き来が自由になり国境の管理が緩くなって、なおかつ難民の受け入れ業者に金が入ってくるということです。これはポストモダンな現象です。それに対して、ロシアがシリアに介入しているのは、主権国家である合法的なシリア政府の要請にロシア政府が応じているという理屈を使っていて、これは主権国家的なモダンな現象です。しかし、シリアにおけるアラウィー派とスンニ派の対立というのは、むしろプレモダンな現象です。さらにシーア派のイランが、かつてのペルシア帝国のイメージと重ね合わせながら、シリアへの介入を強めていることもプレモダンな現象です。

国際政治というのは基本的に（モダンな）主権国家が対等で成立する、国際法のゲームのルールから物事を読み解いていくものです。けれどもポストモダンな人と金の移動があり、プレモダンな宗教的要素もあります。こういう諸条件が相当程度の役割を果たしています。ですから、新聞を読んでもテレビの解説者の言うことを聞いても、よく分からないのです。

となると、これから何が重要になってくるかといえば、プレモダン、モダン、ポストモダンを通底している事柄です。その一つは地理です。地理的な状況というのは動きませんから、これから地政学ということはよく言われてくると思います。ただ同時に、ナチスの公認イデオロギーであったことから分かりますように、地政学という物語の中には恣意的な要素を植え込むことができます。だからこれは要注意なのです。

さらにもう一つ出てくるのが、伝統宗教です。なぜか。キリスト教はプレモダンな状況でも存在しています。モダンな状況でも存在しています。そしてポストモダンな状況のうえでも存在しています。ですから、われわれがキリスト教徒の視座を持って、今の世の中で起きていることを虚心坦懐で見ていくなら、そこで通底している原理というのは、たぶん分かると思います。

日本で今を生きるキリスト者であるということ

日本で大きな課題というのは、日本人であってキリスト教徒であるとは何なのかという問題、すなわちキリスト教の土着化の問題です。それはチェコ人であってプロテスタント教徒であるとは何なのかという、フロマートカやオポチェンスキーが抱えた問題と一緒のわけです。要するに、ドイツのプロテスタンティズムの影響を受けてチェコ人のプロテスタントがドイツに同化してしまう危険が常にあるわけです。しかしチェコ人、すなわちスラブ民族でありながらプロテスタントであるとはどういうことなのか。民族と宗教、そして土着化。この問題は依然われわれにとって深刻な問題です。ここはあえてオープンにしておきます。いろいろな考えもあると思いますから。ただし、私たち日本のプロテスタント教徒はこの問題について真面目に考えなくてはなりません。

■シンクレティズム

そこで危険なのは、一種の仏教的なるものとか神道的なるものと、キリスト教とを習合させていく、シンクレティズム（宗教習合）です。これでは問題を解決できません。その点で重要な問題提起を行ったのは、ゼーベルクの影響を強く受けた同志社の魚木忠一という歴史神学者の書いた『日本基督教の精神的伝統』です。あれは決してシンクレティズムではありません。キリスト教というのは類型的に理解されるべきで、キリスト教の本質とそれぞれの文化類型が触発されたところでキリスト教は生まれてくる、という考え方です。ただし発表された時期が1941年です。その時期に魚木忠一は、キリスト教の日本類型というものを作り出しました。大東亜共栄圏の文脈において、魚木忠一がそれなりの責任を問われないといけない役割を果たした人であることは間違いありません。ただし、魚木のキリスト教の日本への土着化という問題設定は正しいのです。

土着化の問題というものを日本キリスト教会がどう考えているか、特に信仰告白の中にどのように土着化を位置付けていくかというのは、いま私は、日本キリスト教会の外部の人間として関心を持っています。ですから、外国の長老派教会や改革派教会のコピーとして日本で生き残っていこうとするなら、スカンジナビア半島やアメリカ系のファンダメンタリズム系の教団と一緒で、それではこの社会における地の塩としての役割は果たせないと思うのです。

■反知性主義

そして2番目は信仰と学知の問題です。より端的にいうと、反知性主義とわれわれは戦っていかなくてはなりません。その場合、森本あんりさんの『反知性主義』(新潮選書)は、きわめて有害です。アメリカの特定の文脈における反知性主義の問題を扱って、反知性主義というものが民主的な役割を果たしているという結論をもたらしています。森本さんはこの概念を不当拡張して、現代に適用していこうとする傾向があります。反知性主義というのは、起源においてはアメリカの民主主義を保全する役割を果たしていたとしても、現代において、国際基準で使われている意味合いで使われるべきです。その場合、反知性主義とは客観性、実証性を軽視もしくは無視して、自分の欲するように世界を理解する態度という意味になります。

こういう反知性主義は、仮に高等教育を受けていても、司法試験に合格していてもそうなります。今の安倍政権の問題はそこなのです。真理はあなたを自由にするわけですから、このような反知性主義的なるものと、キリスト教徒がどう向かい合っていくかというのは非常に重要なことだと思います。

■日本キリスト教会の型

先ほども繰り返しましたが、日本キリスト教会の『教会員の生活』に書かれている「型」が重要なのです。それは型を覚えて繰り返すためではありません。型破りな人間になるために必要なのです。型破りとデタラメは違います。型というのは基本形を押さえたうえで、そこからどう変化させていくかということなのです。

そういう視点から、たとえば、カルヴァン派・長老派系の教会はバルトの影響が強いのですが、ルター派のゴーガルテンも読んでみる必要があります。バルトとゴーガルテンは紙一重だと思います。あるいはバルトに関してならば、バルトのジェンダー感覚が彼の神学にどういう影響を与えたか。ですからバルトに関しても非神話化が必要だと思います。あとニコライ・ベルジャーエフのような宗教哲学者が重要です。ベルジャーエフは、人間は何かを信じてしまうから、無宗教的な人間は存在しないのだと主張します。私もその通りだと思います。宗教を持っていないと思っている人でも、拝金教か出世教、あるいは受験教を信じているでしょう。その類のような宗教というのは信じているわけです。こういう宗教というものをいかに脱構築していくかということ、こういったことも、私たちの信仰をどう言語化していくかということと関係していると思うのです。

フロマートカは改革派系とみられているのですが、スタートはルター派です。ですから彼が「最も深い深淵までイエスが降りてきた」と強調するのは、ルター派の影響があるからと思います。「フィールドは、この世界である」とか、「信仰がある人は常に前を見る」とか、こういったフロマートカが言っていることを、どうやって今の現実に生かしていくかということを私は考えているのです。日本キリスト教会のバックグラウンドがある人の中には、私の書いていることと、行動していることを理解していただける方がきっといてくださると期待しています。

■東ドイツの神学

最後に、いま私が神学的にやろうとしていることです。日本ではほとんど知られていないのですが、ハンス・ゲオルグ・フリッチェという、東ドイツの組織神学者についての研究です。1926年生まれで、1986年までフンボルト（ベルリン）大学のプロテスタント神学の組織神学の教授でした。このフリッチェという人はシュタージ（東独の秘密警察）の協力者だった関係もあって、今はもうドイツでは無視されています。しかし、バルトやオットー・ヴェーバーを継承した非常に優れた神学者でした。その4巻本の教義学――1600頁くらいのものなのですが――自分で読み切るにも十数年かかるし、ましてや翻訳でしたらあと40年くらいかかりますから、私が生きているうちでは間に合いません。幸い手伝ってくれる人を見つけることができましたので、いま下訳をしてもらっているところです。日本ではハンフリット・ミューラーの『福音主義神学概説』（日本キリスト教団出版局）が、それこそ若かりし日の森本あんりさんによって訳されています（雨宮栄一と共訳）。

なぜ東ドイツの神学が良いかといいますと、理由は二つあります。一つは、非キリスト教社会でのプロテスタンティズムの役割について真面目に考えているからです。それから2番目は神学教育の観点からです。東ドイツは高校生まで宗教教育を一切行いませんでしたから、大学に入った途端に神学的な学習をしなければいけないのです。アメリカやドイツやイギリスの大学レベルの神学書の場合、相当程度のキリスト教知識があることが前提になっていますので、まっさらなところからキリスト教神学を勉強するには不適当なのです。

ミューラーの『福音主義神学概説』をお読みいただくと分かりますが、非常に使いやすいのです。何を考えているかというと、同志社の神学生でキリスト教についての予備知識がない学生たちに、ゼロからキリスト教に関する知識をつける、それによって、自発的にキリスト教の陣営に来る人間がきっと出てくると思うのです。そのためにはやはり、教義的な探究をしないといけないと考えています。

私も55歳になって、残りあと何年フルで仕事ができるか分かりません。神学的な作業のほうも、私が神学の世界で何を考えているかということを、若い世代に伝えることに力を入れたいと思っております。

座談会

▲右から沼尻、齋藤、淺見、著者、五十嵐、松谷

〔座談会参加者〕

淺見夢大《むお》（公益法人勤務・日本キリスト教会横浜海岸教会員）
齋藤　弘《ひろむ》（証券会社勤務・日本キリスト教会札幌豊平教会員）
沼尻　麗《れい》（市役所勤務・日本キリスト教会鶴見教会員）
五十嵐喜和《よしかず》（日本キリスト教会茅ヶ崎東教会牧師）
司会／松谷信司（「キリスト新聞」編集長・日本キリスト教会浦和教会員）

松谷　まずは簡単な自己紹介をお願いいたします。

淺見　ある公益法人で働いております。よろしくお願いします。

齋藤　父親が牧師をしております。クリスチャンホームで育ちました。佐藤先生と同じ、同志社で学びました。証券会社に就職をしました。大学の時はイスラム金融を専攻しておりました。よろしくお願いします。

沼尻　今年大学を卒業、就職しまして、市役所で働いております。よろしくお願いします。

五十嵐　先ほど佐藤先生のお話にも出てきました、日本キリスト教会茅ヶ崎東教会の五十嵐です。大宮時代に佐藤さんとは関係があって、彼が国家の罠にはまって拘置所に入れられた時、「支援する会」が立ち上がりましたので、その会合にも出席し、ささやかに支援をいたしました。牧師の立場でそういうことをするのはどうかという意見もありましたが、彼が拘置所に入れられるようなことをする人ではないと確信しておりました。彼とはそういう関係です。よろしくお願いします。

キリスト教関連の入門書は信仰者には役に立たない

松谷　午前中の講演の感想もうかがって、テーマを絞って話を進めていきたいと思います。まずは若い方々から。

沼尻　まったくの勉強不足でして。マルクス主義だとか、そういう話にもまったくついていけなくて……。そういった勉強をする際に、若い人向けの入門編のようなお勧めの本を教えていただきたいのですが。

松谷　神学の「し」の字も知らないような人が、佐藤優さんの講演や、そこに出てくる人について学ぶにあたって、何から読めばいいのかということですね。

佐藤　教会には何年くらい通っていますか?

沼尻　教会には小さいころからです。

佐藤　そういうバックグラウンドの人でしたら、国際基準での神学の入門書である、マクグラスの『キリスト教神学入門』（教文館）ですね。この本だと、マルクス主義の問題もさまざまな思想的な問題も全部扱っています。イギリスで神学を専攻する大学1年生に向けて書かれた本ですから、社会人だったら読めます。しかし800頁以上あってかなり厚い本ですから、もし難しい、読みにくいと思ったら、キリスト新聞社から出ている同じマクグラスの『キリスト教思想史入門』です。これは400頁弱ぐらいですが、値段はこっちのほうが高い(笑)。著者はアングリカン教会の神学者です。しかしその2冊のいずれとも、日本キリスト教会の神学的な伝統を考えたうえでも、改革派、長老派に対する考え方と比較的近いところから書かれていると思います。ですから、教会で普段教えられていることとも、あまり齟齬をきたさないのでいいと思います。

すぐ分かるキリスト教とか、キリスト教入門とか、その類の入門書で、教会生活をしているみなさんの役に立つものは、私の物を含めて1冊もありません。その手の本はいい加減な物もあります。私の書いた物はいい加減ではありませんよ（笑）。曽野綾子さんとか三浦綾子さんが書いているキリスト教の入門書とか、山本七平の『聖書の常識』のようなものが一般に広く読まれています。けれどもキリスト教に主体的にコミットメントしていくと、自らの信仰として捉えるという場合においては、やはりいろいろな問題を孕んでいます。ですから神学への足掛かりがあるようなものがいいと思います。ずばり聖書について勉強したいと思うのでしたら、たとえばギュンター・ボルンカムの『新約聖書』（新教出版社）を勧めます。これは国際的には高校生用の聖書の教科書なのですが、こういうものを読んでみるのがいいでしょう。みなさんだったら読めます。

■『ふしぎなキリスト教』

松谷　数年前に『ふしぎなキリスト教』（講談社）という新書がだいぶ売れましたが……。

佐藤　あれは非常にいい本ですよ。というのは、橋爪大三郎さんはルター派でしょう。ですが事実上、彼はユニテリアンです。ですからユニテリアン的なキリスト教徒と大澤真幸さんという社会学者が、外部観察者の観点からキリスト教をみた本です。では、あの本のどこがいいのかと言いますと、キリスト教の本質は救済宗教で、イエス・キリストを信じることによって救われる、という基本線のところがズレていませんから、いい本なのです。それに対して、『ふしぎなキリスト教』を批判するといって、牧師とか正教会の人たちが書いている変な本があります（笑）。キリスト新聞社に出版を断られたと書いてありました。要するにあれはエピソード主義と自分の狭い信仰のプリズムで、ある点の細かいところでの特定の教義から行っているポジショントークなのです。だから批判になっていません。というか知的なレベルが違いすぎます。むしろ問題は、『ふしぎなキリスト教』を批判するという本が自費出版で出て、その本に日本の今のキリスト教の病理が表れていることです。その点ではこの批判本は非常に参考になります。

繰り返しますが、『ふしぎなキリスト教』とか、いわゆる『キリスト教入門』とかの一般書の世界と、教会に日常的に通って信仰の問題を自ら考えるプロの世界とでは、キリスト教について勉強することの内容がだいぶ異なるわけです。それで、いい意味でも悪い意味でも日本キリスト教会というのは、基本的に知識人層が厚い、極端な金持ちもいないけれど、極端に経済的に大変な人もいないという、中産階級の教会だと思うのです（笑）。だからその文化圏からは極度に離れたことはしないほうがいいと思います。

松谷　そういう客観的な分析は新鮮で面白いです。橋爪さんとも最近対談をされていましたが、あれはどうですか。

佐藤　あれも面白いですよ。橋爪さんのルター派的な感覚とユニテリアン的な感覚が非常によく分かりました。それと、イスラームというのはそんな簡単な話ではなくて、対話可能とか簡単に言わないほうがいいと思うとか、こういう話です。その辺も強調しています。

橋爪さんの最近出した本の対話相手で、植木雅俊さんという法華経の研究家がいます。あの人は創価学会員です。法華経をサンスクリットの原典から研究しています。橋爪さんと植木さんで『ほんとうの法華経』（ちくま新書）という新書を出していますが、あれは非常に面白い本です。橋爪カラーがよく表れています。社会学者という外部からの観察者の見方と、われわれ特定の宗教を信じているという人の視座の差というのが明らかになって、そこが面白いところです。ただし、前記橋爪さん関連書籍のいずれも、教会の青年会で勉強するとか、教会で勉強するという本ではありません。

沼尻　ありがとうございます。

生き方について考える学び、神学

五十嵐　佐藤さんの書かれた『神学部とは何か』（新教出版社）という、あの書物は神学入門になるような非常にいい本ですよ。お薦めします。

■『神学部とは何か』

佐藤　あれは目的があって書いたわけです。同志社の神学部は、最近偏差値が上がったのです。私の神学生時代と比べて10ぐらい上がりました。その結果何が起きているかといいますと、偏差値を意識して受験競争疲れをしている神学生が入ってくるようになってきたのです。同志社の神学部に落ちたからといって、極端にがっかりしている受験生もいて、神学とは本質的にそういったこととは違うところにあるので、それで、どういう学問なのかということについて、きちんと書いておかないといけないと思ったわけです。私の時代は、予備校の入試判定で、同志社大学神学部と書いたら判定不能って出ていました（笑）。東京芸大と一緒で、判定不能、模試では判定できないのです。そういう学部でした。今はあの時代と違ってしまいましたので、神学とはどういうことか、偏差値疲れをしている学生に、こういう（神学的な）問題に関心がある人は、神学部も進学先の一案だなどと、そういう人たちに書いた本なのです。けれどもあれは結構、受験参考書として読まれています（笑）。

たとえば、こういうことがあるわけです。子どもの時から一所懸命、公文式の算数のドリルをやってきた。みなさんの中にもいるでしょう？　それで数学が得意だと思って、間違えて理学部の数学科に進学してしまった。工学部で数学を扱うのでしたらいいんですよ。経済数学だったらいいのです。しかし理学部の数学科というのは芸術学部のようなところですからね。あるいは哲学部みたいなところですから、多少計算が早いなんて役に立たないわけですよ。何を思いつくかということが重要になります。

そうするとこういう人が出てきます。「俺は数学者になりたかったけれどダメだ」「大学に留年して6年もいる」「もうこれだったら死んだほうがいい」。しかし自分で死ぬのは嫌だ。そうすると、関西のほうのターバン巻いたおっさんが、「死にたいんだったら死に場所を教えてやるぜ」と（笑）。「トルコから『イスラム国』に入れるルートを俺は持っているから、そこに行ってみるのはどうだ」と。そうやってそのかすとっつぁんが出てくるわけです。そういうとっつぁんなんて無責任なわけですよ。

誰か特定の人というわけではなくて一般論ですよ。灘高を出て、早稲田大学の政経学部入って、それで早稲田を放り出して1年目で今度、東大文Ⅲに入って文学部のイスラム学科を出て……。そういうやつが自分は危ないところに行かないで、人を煽っているのはけしからんと私は思います。

松谷　だいぶ特定されますけれど……。

佐藤　そうでしょうか。それだから権力が「私戦予備及び陰謀罪」なんて、西郷隆盛を取り締まるために作ったような、明治時代の法律を持ち出してきて摘発せざるをえなくなる。いずれにせよ、大学へ進む時の大学の選択は結構重要で、偏差値だけで思いつめないことが重要です。

あるいはこういう人もいます。東大の理Ⅲに入って外交官になっている人。どうしてかといいますと、東大の理Ⅲって医学部への進学課程でしょう。東大の理Ⅲに入るということは、日本の受験世界では上位200番以内には絶対に入っていますよ。もしかしたら10番以内かもしれません。どうして東大の理Ⅲに行ったかといいますと、目の前の高い山に登っているうちに、いつの間にか理Ⅲに入ってしまった、それでハタと3回生になって気づくわけです。「俺、血を見るのが大っ嫌い」、それから「人とコミュニケーションを取るのが嫌い」（笑）。それで親に相談します。「医者だけにはなりたくない」。そうしたら「外交官だったら許してやる」。それで外交官試験を受ければ、そういった人だったらすぐに受かるわけです。それで外交官になるでしょう。しかし人嫌いですから、外務省でもあまり出世しないわけです。小さい課長をやって小さい国を相手にして終わりなのですが、本人はすごく幸せそうでした。「医者にならないでよかった」。でもこの人、文学的センスも哲学的センスもいいから、もし東大の理Ⅲに行かないで東大の文Ⅲに行っていたら、文科系の学問で大きな可能性があったでしょうね。外交官にならないで大学の先生になっていたら、きっと大きな業績を残したと思うのです。ただ親の期待に応えるため、途中まで医者になろうと頑張ったために東大理Ⅲに合格してしまった。

ときどきそんな寂しい人を霞ヶ関で見るのです。各総合大学の神学部って比較的入りやすいですから。しかし入った後は勉強できる環境がありますからね、それもチョイスの一つです。ですからあの本の最後に強調したのは、「入った後は勉強してね」ということです。

松谷　『神学部とは何か』、ぜひお買い求めいただけたらと思います。

■日本キリスト教会の神学校

佐藤　先ほど、神学校のシラバス（履修要項）を読ませていただきましたけれども、お世辞ではなくすごく良い。基本形を重視していて、ポストモダニズム以降の浮ついた神学についてはあえて枝切りしています。ベーシックを押さえる。しかし、いわゆるファンダメンタリズム系ではない。広い意味での自由主義神学、弁証法神学の主流と聖書学の学術的な成果を踏まえています。きちんとした20世紀の神学的成果を踏まえたところで、なおかつ結構難しいプログラムなのですが、詰め込みすぎになっていない神学生がぎりぎりで消化できる量です。

あの神学校に入ったら相当厳しいのですが、カリキュラムはすごくよくできています。「これじゃ絶対できない！」というような、放り出さざるをえない異常なカリキュラムではなく、学生を締め上げて（笑）、ギリギリで吸収させるような線で作っているわけです、長年の経験で。大したものです。

松谷　ギリギリで消化できた方々がここにも何人かおられるかもしれません（笑）。日本キリスト教会って褒められることが少ないですよね。こうしてお褒めいただくと自己肯定感も上がって、素晴らしいなと思います。

召命感を鍛え上げる

齋藤　日本キリスト教会の神学校と同志社の神学部と、学べる幅に大きな差があると思います。実際に牧師からも「神学校ではギリギリのところで学び、輪郭を実感させてもらった」という感想は聞いたことがあります。牧師になるにあたって学び取るべきものを選抜する空間というのは、何が基準になるのでしょうか。

■何よりも召命感

佐藤　私はそれ以前のことがあると思います。それは、本当に召命感を持っているかということです。これが難しいのです。「召命感を持っている」と言われて、「嘘っぽいな」と思っても、「お前は本当に召命感を持っているのか？」とはなかなか聞けません。そこは手を変え品を変え、召命感があるのかいろいろ聞いてみないといけません。そうでないと、後になって本人にとっても、何より教会員にとっても非常に不幸なことになります。それは、イエス様と神様にも申し訳ないことになる。そういう結果にならないようにするというのは非常に重要です。先ほども冗談半分に言ったのですが、これは同志社でも深刻な問題です。要するに、ある年を超えた人が第二の人生として神学部に入ってくる、もちろんその中にはしっかりとしたいい人がいるのは間違いありません。しかしその人の今までの人生というのが、特に最後の20年くらいはあまり恵まれていなかった。一部上場企業にいたけれども、思うように出世できなかった。それで、大体50代に入ると同窓会が活発になりますから（笑）。

どうしてかというと、58歳以降で一部上場企業にいる場合、本社の役員にならない限り、早期退職するか子会社に追いやられるからです。それが見えるのが50代前半です。そうすると、それまでは競争で忙しくて、同窓会なんかやる気が起きなかったのですが、50代になると他人を応援する余裕も出てくるし、自分の将来についても深刻に考えるわけです。そのうちの一つのチョイスとして「先生、先生と呼ばれながら、残り20年を送りたい」なんて、曲がった発想を持って神学部に入ってくる人も、残念ながらときどきいるわけです。

そういう人に対しては、「教会って大変なところですよ」「副牧師のときは若い牧師にこき使われますよ」などと言って、嫌だなあという感じにさせて、それでも耐えられるか見ています（笑）。

ときどきやはり失敗して、「やっぱりアニメが観られないからやめる」とかいうような人がいますからね。そこで何よりも召命感が重要になります。召命感さえあれば、環境は二次的三次的です。情熱と召命感はまったく別の概念です。いわゆるファンダメンタリスト系の、カリスマ系の教団って一見すると情熱的なように見えるでしょう。ですが熱心さが長続きする人はほとんどいません。教会の人の入れ替わりがいつも激しいですから。

■ロシア・チェコなどのプロテスタント

ただ、ロシアなどはそうではありませんでした。ソヴィエト時代ですが、全連邦福音主義キリスト教徒バプテスト同盟という教会がありました。ソ連政府によって公認されたプロテスタント教会です。教会堂に十字架がついていないのです。その代わり鳩の絵が描いてあるわけです。聖霊が鳩のように降りてきたということでしょう。どうも説教を聞いていると、神学部の教科書だったら、これは仮現説というものではないかなと、そういう感じもときどきしたのですが、礼拝が高潮したところで「さあ聖霊が今降りてきました」と言ったら、ときどき60代の女性が3人くらい教会の床で寝転ぶんです。それで、「う〜」とか言い出すわけです。そうしたら牧師が「異言が出ました」と言う。するとこれも毎回決まった人ですが、解き明かす人が出てきて「『神は愛です』って今言っています」とか説明し、「今日も異言が出てよかった」などと言って、みんな立ち上がって賛美歌を歌って、という感じでした。それなりに面白い雰囲気だったのですが、私はなかなかついていけませんでした（笑）。ロシアではプロテスタントというのはそういうイメージです。正教と比べてプロテスタントというと知的水準が低いように見られている。どうしてそういう礼拝に出ているんですか？　とロシア人から結構聞かれたことが何度もあります（笑）。

ところがチェコに行くと、今、日本キリスト教会が毎週日曜に守っているのと同じスタイルの礼拝で、立つところ座るところも一緒で、しかも賛美歌もかなり共通しています。「えー!?」と思うわけです。あるいはイギリスに住んでいるときは、ベーコンズフィールドにあるユナイテッド・リフォームドの教会に出席していました。長老派と会衆派の合同教会です。ここは、賛美歌とかが日本とちょっと違います。むしろアングリカンに近いような感じがしました。しかしロンドンに行った時に、スコットランド国教会の礼拝に出るでしょう。これは、日本キリスト教会とまったく一緒です。ですから世界の教会巡りをしている時も、やはり子どものころから出ている日本キリスト教会と同じ礼拝をしているところのほうが、居心地がいいのです。だからその居心地というのも私の信仰に関係しているのです。そう考えると日本基督教団会衆派のところでも、いま通っている賀茂教会は、やはり居心地はいいのです。礼拝も日本キリスト教会と大きく乖離はしていないのです。

松谷　牧師にとって必要なものは、召命感ですか。

■召命のいろいろ

佐藤　そうです。召命感一本です。ですから本当の召命感がある人ならば、牧師としてやっていけるし、教会員も支えてくれます。しかし召命感のところで何かやましいものが入っていたり、召命感が怪しげだと、牧師は続きません。教会のなかにはいろいろな人がいますからね。どう考えても牧師のほうに問題はないのに、しかし、牧師というのは必要以上に自分を責めるところがあります。それでも、そのときは打ち勝っていくという強靭な精神力も必要なのです。牧師先生たちは思っていると思いますが、誰にも相談できないときってあるでしょう。本当に自分でお祈りをして、そこで悩まないといけません。その強靭な精神力も必要です。

あるいは「聞かせてくれなきゃいいのに、こんな話」とか、「そんな話相談されても困る」

とか、「おっと、聞きたくない」って逃げるのが上手な牧師もいますが。もう一つは、相手に寄り添いすぎて共依存みたいになってしまう、それによって大変不幸なことになっている若い牧師など、私は同志社で少なからず見ています。そうすると、あるところでは冷たくて、これ以上は近寄らせない。そういうことも、ある意味で召命感から出てくると思うわけです。ですから根っこのところは召命感だと私は思っています。

松谷　召命感というものはどう見分ければいいのでしょうか。

佐藤　人間の側からでは最終的には分かりません。ただ、怪しいなと思ったら信仰的良心に基づいて、本人には言わなくても、そこの主任牧師とかに「神学生で来ているあの人、大丈夫ですか?」と進言してみるのもいいでしょう。まだ派遣神学生で来ているうちだったらやり直しはききますからね。これはきわめて実践的な課題です。

ただ、日本キリスト教会の場合は、神学校は大学院大学ですから、学部を経て、社会に出てから神学校に来ています。その意味で大人ですからね。しかし考えてみてください。18歳で召命感を持って、一生教会のために献身したいといっている人の場合、自分の18歳の時のことを考えてみてください。18歳ぐらいの社会経験を基にして、どの程度の世界観、人生観が持てるのでしょうか。18歳の時に考えていた夢とか、考えていたことがまったく変わらないで55歳まで生きているって人は、あまりいないか、いたとしてもちょっと変わっているか、どっちかでしょう（笑）。

そうすると、18歳の時に持っていた召命感というものを、ストレートに、はい、はいと言って受け入れて、そのまま牧師にしてしまうとなると、私が見ているかぎり、かなりの確率で途中で不幸なことになっています。いろいろな試練が必要なのです。ですから、牧師というのは大変な仕事なのですが、しかし1回召命が降りてきたら……。齋藤さんは、今は証券会社に勤めていますね？

齋藤　はい。

佐藤　証券会社にいて、ある日突然、召命が降りてくる（笑）。イスラム金融や証券会社とかのノウハウが、福音宣教のために役に立つことがありますからね。ある日突然光に打たれて倒れて（笑）。そうやって召命を得ることもありえますからね。

齋藤　掘り下げていただいてありがとうございました。そういう劇的な（笑）召命がありましたら。神様や自分への期待のようなものはあるのですが……。召命を受けた人の献身のエピソードを最近のもので教えてください。

何が意味があるのか、すぐには分からない

■ヤロスラフ・オンドラ

佐藤 少しひねった話になりますけれども、ヤロスラフ・オンドラという実践神学者がいます。ヨゼフ・ルクル・フロマートカの弟子です。キリスト者平和会議でフロマートカが議長をやっていた時、オンドラが事務局長をしていました。「プラハの春」のソ連侵攻に対してフロマートカが反対し、もちろんオンドラも反対しました。そうしたらフロマートカはレーニン平和賞を受賞した社会主義陣営における権威ですから、ソ連も彼に直接圧力は加えないで、オンドラが圧力をかけられて事務局長を辞めさせられます。そうしたらフロマートカもそれに連帯して辞めるわけです。

その後、だんだんチェコで正常化、チェコ語で〝ノルマリザッツェ〟、英語でノーマリゼーションというものがなされます。要するに「プラハの春」のような異常な民主化は止めて、スターリン主義体制に正常化していくということです。ちょうどそのなかでフロマートカは1969年、「プラハの春」の翌年の12月26日に死にます。その死の2、3日前にオンドラがフロマートカに呼び出されて、それで病院に行ったらこういうふうに言われたのです。「私は今まで、あなたたちに命令したことは1度もない。しかし今回は命令だ。亡命するな。このままチェコの中にいたら職を失うかもしれないし、状況によっては拘束される。ただ、今の体制では命まで持っていかれることはないだろう。亡命した場合には、同じ言葉を語っていても、その意味がまったく違ってしまう」と。フロマートカは「自分自身はナチスの占領下で亡命して、あれは一生悔いが残った。だからキリストの真実というのは、亡命しないこと、今この地で、今自分たちの群れがあるのだから、神学者であり牧師である私たちはそこから離れてはいけないことだ」とも言いました。

それで結局オンドラは亡命しなかったため、コメンスキー神学校の教授職も追われて、しばらくはプラハのカレル（プラハ）大学で、教材作りのタイピストをしていました。10年くらい経ったところで、ようやく当局の監視も緩くなって、大学に再び戻ってきて実践神学の先生になりました。けれども、先ほど出たミラン・オポチェンスキーとかオンドラというのは、国内での論文の発表許可が出ないのです。外国で発表しても、それを口実にされて職を失ってしまうリスクがあった。だから、それについても抑制的に対応した。それで後輩たちの育成と、牧会的な指導に専心していたわけです。

■北朝鮮からの依頼

そうしたら1984年のある日、オンドラはチェコの教育省に呼び出されます。何事かと思ったら、実は北朝鮮「朝鮮民主主義人民共和国」から特別な依頼が来たというのです。ソウルオリンピックに対抗して北朝鮮が青年友好祭を行うことが決まっていました。そのときにクリスチャンがたくさん来るのですが、北朝鮮政府はキリスト教を徹底的に弾圧して教会堂が一つも残っていないわけです。牧師たちも弾圧してほとんど生き残っていなくて、儀式を覚えている者がいません。ですから朝鮮労働党のイデオロギー部は、外国で儀式だけ教えてもらって、プロテスタントとカトリックの教会を急いで作らないといけない、カトリックは東ドイツに頼む、プロテスタントはチェコに頼めないか、そうやって教会を作らなくてはいけないという事情だというのです。

要するにインチキ教会を作って、インチキ牧師を作らないといけないという相談が来てしまったのです。オンドラは困って、スイスのジュネーブに行く許可をもらい、世界教会協議会（WCC）に相談しました。世界教会協議会も頭をひねった末に、OKしたらいいのではないかとの結論になりました。とりあえず教会が形だけでもあれば、朝鮮労働党のイデオロギー部員に神学教育だけでも受けさせておけば、長いスパンで見れば、北朝鮮にキリスト教が復興していくプロセスでプラスになるだろうと、そういうような理由でOKして平壌に教会を作りました。ですから今でも教会は金日成、金正日の写真が掲げられていない数少ない場なのです。しかしその後、変化がありました。1988年にモスクワで、WCCの理事会が行われたのです。これはソ連で行われた初めてのWCCによる大規模行事でした。そのときに北朝鮮の代表団が来ました。私も会合に参加したかったのですが、認められませんでした。そこに、ヨゼフ・スモリックという、プラハのコメンスキー神学校の有名な神学教授が同僚のオポチェンスキーと一緒に来ていましたから、私は彼らから話を聞きました。北朝鮮のクリスチャンたちはどうだったと聞いたら、「面白かった」という感想でした。

理事会には朝鮮キリスト教連盟の議長と書記長と宣伝部長が来ていました。キリスト教団体でも朝鮮労働党にならった役職なのでしょうか（笑）。それで真新しい聖書を3人とも持っていて、それを非常に自慢していました。「わが国は聖書も作っているんだ」と。それで見てみたら、これは呉在植先生がチェックして言っていたのですが、韓国で作ったエキュメニカル聖書、共同訳聖書だそうです。ところが、最高敬語は金日成にしか使えませんから、敬語だけを変えているのだそうです。そういう聖書を持ってきていました。それでみんなで聖書を読み上げる時に、ルカによる福音書の読み上げがあって、3人いる教会の代表のうち一人は、創世記から順に、ずっとルカによる福音書を探していたのだそうです（笑）。ですから、3人いるうちの一人はクリスチャンでないことは確実です（笑）。

それでもそのうち二人は、ずっと長い間北朝鮮で表に出ることができなかったキリスト教団体の幹部の二人でした。こういう人たちが外国に出国できるようになったわけですから、あのインチキ教会を作る時に協力をした意味はあったわけです。現実のなかで起こる召命には、いろいろな形があるということです。日本のわれわれの感覚でしたら、そんなインチキ教会に協力できるかといって協力しないか、サボタージュするかです。あるいは「政治におもねって何をやっているか」という批判も出るでしょう。しかしそこに隙間が少しでもあるのでしたら、教会が活動するため、北朝鮮にいるイエス・キリストに従う群れのために活かしていく。こういうことをチェコの神学者は考えました。こういったことは歴史記録に残らないのです。私がちょっと、あるところに短い文章で書いたことはありますが……。そうやって、記録には残らない消えていった話というのは、きっと世界中のあちこちにあると思うのです。そんなことが非常に印象に残っていますね。

齋藤　ありがとうございました。

刷り込まれたもの、切り拓くもの

淺見　私は小さい時から教会に通っている者です。現代の流れのなかで、教会においても変えるべきものと継続するべきものとがあると感じています。日本キリスト教会の青年たちに足りないものであったり、世界の教会や他教派の取り組みの事例を教えていただけたらと思います。

佐藤　足りないものはないと思いますよ。みなさんにはカリスマが備わっていますし。それにキリスト教というのは基本的に斜陽産業ですからね（笑）。

最近、私が解説を書いた『寺院消滅』という本が日経BP社から出ました。寺院ですらこれだけ崩壊しているわけですからね。キリスト教はそもそも葬式を一般的に取れていないわけですから、それは客観的にみて、宗教として存続することが非常に難しいなかで維持されてきた、そのことが重要なわけです。今の話であったなかで、私もそうだなと思うことが、コンラート・ローレンツの『ソロモンの指環』に書いてあります。今、コンラート・ローレンツ流の種の保存というのは、それこそドーキンスが出て以降は非主流になっているのですが、彼の刷り込み理論というのは正しいと思いますね。哺乳類というのは、若いころに刷り込まれた事柄は大人になってからも変わりませんから。ですから、大多数のみなさんにとってキリスト教は子どものころに刷り込まれた宗教なのですね。ローレンツ的な刷り込みという意味で「自然」なのですね、みなさんにとって日本キリスト教会が自然なのです。

■日本キリスト教会の維持・強化

しかし、もう少し前の世代の先輩たちは、新日キを作る１９５０年前後、日本基督教団のなかで会派を作って頑張ることができるのではないかと考えました。要するに改革派の人たちは米国南長老教会の伝統がありますから、かなり早いうちに教団から外に出てしまった。この人たちは神学的にも、ある意味では一本調子なのです。それこそウェストミンスター信条でいけてしまうわけですから。ですから私の場合、またみなさんの場合、ウェストミンスター信条でいこうと言いますと、ちょっとあれは戦争肯定信条ですし、そのままストレートにいけるかというと、そこまでは割り切れないでしょう。逡巡するところがあります。それから、最終的には公同教会に至るのですが、そのプロセスにおいては最大限、やはりイエスは救いであるということ、それから使徒信条やニカイア信条、それを共有しているカルケドン信条。共有している人たちとは一緒にやれないかというギリギリの努力を50年代までしてみたところで、日本基督教団のアンブレラのなかで、日本キリスト教会の会派を作れないかとやってみたけれども、それもだめだった、そういう経緯があって外に出たのです。

では外にみんなで出られるかと思ったら、どっちかというと出た人のほうが数は少なかった。日本基督教団のなかに残ってしまった。そういう意味でみなさんの先輩というのは、ものすごい血を吐くような苦労をしているわけです。たとえば吉田教会はあの場所にあったわけではありませんからね。元は今の日本基督教団錦林教会の場所にあったわけですから。ところが日本基督教団系は日キ系の人たちに、錦林教会から出て行ってくださいというわけです。錦林教会は煉瓦建ての立派な建物でした。それで吉田教会は川端通り沿いに移って、質素な教会堂を建てました。最近は建て直してすごく立派な教会になったのですが。

日本キリスト教会の一つひとつの教会が、そういった物語を持ちながら教会形成を進めてきました。ですから自分たちの教会史、特にこの『日本キリスト教50年史』（一麦出版社）ができたわけですから、若い人たちは『50年史』をきちんと読んで、自家薬籠中のものにしてほしいと思いますね。自分たちの教会の歴史を大切にすることです。そのうえで、いろいろな人と人との出会いがありますから、それでこの人は教会に誘ったほうがいいのではないかという局面があったら、遠慮しないで誘ったらいい。そうやって今のこの体制を維持して強化していく、それが重要だと思います。

■教会の使命

昔、私が神学生ではなくて高校生だったころ、修養会に出た時に、教会の使命は何かというテーマで大変なディベートをやったわけです。一人は当時神学生で、日本キリスト教会の神学校の中で唯一タバコを吸っているといわれていた古賀先生でした。もう一人が大浦先生でした。この二人が言っていたことは今でも覚えています。当時の古賀神学生は〝社会に出ていく教会〟として、社会の活動を重視しろという主張をしていました。そうしたら大浦先生はすごく怒りましてね。教会は教会が存続するためにある、ですからいわば、自己保存のためなのだというのです。当時の私は、大浦先生は何ということを言うんだと思ったのですが、今になると、古賀先生と大浦先生が言っていたことは基本的には同じことだったのだなということがよく分かります。ですから教会が教会として生き残っていくということのなかには、教会はすべての領域を包摂するのですから、社会的な責任も果たしていくということも含まれている、それが非常に重要なのですね。

日本キリスト教会のキーワードって何だと思いますか？　形成ですよ、教会形成。これは他の教会と比べて、日本キリスト教会の人は非常によく使う言葉ですから、教会の話で雑談をしていて、教会形成という言葉があると、日本キリスト教会の人とみて、まず間違いありません（笑）。教会形成というのが一番多いキーワードで、その次に多いキーワードが信仰告白です。ですから教会形成と信仰告白という、みなさんがよく使うこの二つの言葉というのは、みなさんの教会の特徴をよく表しているとともに、この教会が強くなっていくための鍵ではないかと思うのです。

教会には発信できるコンテンツが豊富

松谷　もし変えるべき点があるとすれば、どういうところでしょうか。

佐藤　変えるべき点があるとすれば、外に向いてもう少し開かれてほしいなと思います。たとえば、一麦出版社から信条集が出たでしょう。あれは非常にいい神学書ですよ。誤訳があるとか、文句をつける人はいろいろ言いますけれど。だったら自分で訳してみなさいという話ですよね（笑）。

あのシリーズはいいのですから、ぜひオンデマンドにしてほしい。オンデマンドにすれば、少し値段を高くしても買いたいなと思ったら手に入ります。ここ2カ月くらい一所懸命探しているのですが、1冊も手に入りません。セットで手に入れるのはまず無理ですね。

日本キリスト教会の出版活動に関しては、今はオンデマンドという方法が使えますし、あるいはキンドルに直接アップするという方法もありますから、さまざまな方法で外に対して、みなさんが何をやっているかを伝えていくというのがすごく重要ではないでしょうか。そういうふうに思います。

■メディアとしての『福音時報』

あるいは『福音時報』でもいいと思います。『福音時報』を購読できるようにして、1カ月遅れでキンドルに上げておくとかです。『教団新報』と比べてみましょう。今の『教団新報』って何を書いているか分かりません（笑）。編集方針がありません。沖縄（教区）から教団総会に代議員を送るか、でまたもめて結論が出ませんでしたとかね。それから戒規問題。リベラルな話もあるかと思えば、フリー聖餐やっているのはけしからんという話もあります。編集方針というものを放棄した、8頁だての2ちゃんねるみたいです。

それに対して『福音時報』を出すことによって、教会として機能しているのだということが可視化されるでしょう。それはものすごく重要です。日本基督教団の人たちが読んで、すごくショックを受けると思いますよ。われわれは何をやっているんだって（笑）。

松谷 『福音時報』は一般でも読めるんですか？　一般の人も。（聴衆から返事あり――読めない、と）。それはぜひ。

佐藤　秘密文書ではないでしょう（笑）。ＰＤＦでアップするだけですから。それと、外の人からもお金を取ったほうがいいと思います。タダで読めるようにするのではなくて、お金をきちんと取ったほうがいいと思います。そのほうが熱心に読みますから。

松谷　ニーズがありますかね？

佐藤　あります。必ず一定のニーズはあります。私は少なくとも『福音時報』を取りますから、たとえば記事で何かあれば、それを私の書いた本なり、メルマガなりに引用します。そうしたら私の読者がそこから50円か１００円ならば買いますから。

いま持っているインフラで、ほとんどエネルギーをかけないで何ができるかという場合に、ネット上にアップできるかなりのものを持っているわけです。たとえば靖国の問題に関してだって、絶版になっている古い本で、『教会の闘いとしての靖国問題』、そういうようなものとか、日本キリスト教会から昔いろいろ出ていたような資料的な価値の高いものを、どんどん電子化していく意味はあると思うのです。需要は必ずあります。それと同時に、そのような知的な分野において、誠実に自分たちの信仰というものを、この社会の中で証ししていくということ、これをカトリックや他のプロテスタントの人たちが見ることによって、日本キリスト教会に対する畏敬の念が高まってきます。それはやはり教会形成にとってプラスになると思います。

松谷　だそうです（笑）。関係者は検討していただけたらと思います。

文脈のなかに教会は立っている

五十嵐　日本キリスト教会の良さについて、大いに啓発していただいてありがとうございます。それと同時に、やはり発信力のなさなど忸怩たるものがあります。質問ですが、キリスト教の土着化ということについて、具体的にどのようなことなのでしょうか。説教が現実を生きる人に届いているかとか、教会が曖昧になることなく、しかし地域に溶け込んで、地の塩、世の光になっているのかという問題があるのですが。

■キリスト教の土着化

佐藤　これは私にとっても本当に課題なのです。まず説教が面白くありません。これが教会の一番の課題でしょう。でも、それは外国の教会でもそうです。イギリスの大きな教会、国教会の聖公会で私は驚いたのですが、会堂に最大で3000人は入るのですが、いつも礼拝に来ている人は30人くらいなのです。平均年齢が70を超えています。それを見て、日本の教会はいかに活性化しているかと思いました。イギリスの教会ではイースターとクリスマス以外はほとんど人がいないではありませんか。そのように国教会のほうはガラガラです。自由教会のプロテスタント教会でも、やはりペンテコステ、イースター、クリスマス以外だと、礼拝出席者がとても少ない。その自由教会、ベーコンズフィールドの教会というのは200人くらい入る教会でしたけれども、やはり30人いない感じでした。

ところが先ほど言った、ロンドンに、おそらくイングランドでそこ一つなのですが、スコットランド国教会の出先の教会ですね。そこはもう人がいっぱいです。礼拝のあとは昼食会もあります。ところが流石スコットランド人で、パン二つにうすいチーズ1枚だけ。それに、こんなに薄い茶があるのかと思うくらいのまずい紅茶です（笑）。それで50ペニー。安かったのですが……。でもあれは考えてみると、スコットランド人のアイデンティティの場ですから来るわけですね。説教が面白いからということよりもです。

説教が面白くないというのは、では迎合するような、漫才のような説教をすればいいのでしょうか。ひと昔前には、ギターを持ってきて歌を歌いながら説教をするのがありました。同志社系の先生に今でもそういう説教をする人がいます。ただし関谷直人先生（同志社大学神学部教授）のようにギターの弾き語りで正確な福音のメッセージを伝えることができる牧師はごく少数しかいません。ですから、そういう方向でやればいいかといえば、必ずしもそうではないと思います。ある意味では教会員にもう少し勉強してもらって、説教の意味が分かるようになってほしいものです。有機的な聖書研究会のようなものもあるわけですし、そこのところでは教育ということもあると思います。

■他宗教との関係

あともう一つは、分かる言葉でどう伝えていくかということだと思うのです。聖書だって何度も翻訳され直しているわけですから。たとえば日本キリスト教会の信仰告白でも現代語訳を作っている、生きている教会だからそれをやっているわけでしょう。その方向性というのは土着に向けた方向性だと思います。ただこの先踏み込んだところで、さて、この『教会員の生活』にある他の宗教との関係というときに、焼香や玉串を上げるのはやはり止めたほうがいい。そうするともう少し広げてみて、神社に行くことは構わないのでしょうか。鳥居の下を通ることは構わないのでしょうか。あるいはお神輿を担いでいいのでしょうか。おみくじを引いたり、週刊誌で星占いを見たりしていいのでしょうか。そういったところまで考えると、どこまでのところで、どういう土着化の線を引くのかということです。他の宗教との間に、大変な線があると思うのです。

ちなみに私の母は、神社には行っても絶対に賽銭は捧げるな、二礼二拍一礼はするなと、そこは厳しかった。それから、あそこに神様はいないからお神輿は担ぐな、夏祭りに行ってお菓子をもらってくるのはいいけれども、お神輿は担ぐなと。その話をすると創価学会の人たちにすごく受けるのです。私たちも若いころそうだったって。最近ではそうではなくなったと。そうすると、日本キリスト教会のスタンダードは若干創価学会と近いところがあるのではないか（笑）。では創価学会の土着化路線はどういう方向で取っているのかと思います。どこが譲れないところなのか決めないと、土着化路線というのは出てこないと思うのです。

■有賀鉄太郎

同志社で土着化路線を一番真面目に考えたのは魚木忠一先生です。同志社にはもう一人、有賀鉄太郎という人がいました。この人はお父さんがイスラム教徒なのです。有賀はイスラム教を通してキリスト教を知った。日比谷高校の前身である東京一中の出身で、本来東大に行くような人だったけれども、同志社の神学部に進学しました。それでオリゲネスの研究をやって素晴らしい博士論文を書いて、アメリカに留学するのです。1930年代になったら、だんだんいつも将校用の軍服を着てくるようになりました。それで鮎川財閥・日産と話をして車を手に入れて、それで自動車部を作って、イタリアを一周してローマに行って、ムッソリーニと抱き合って帰ってきます（笑）。1941年に『学生自動車隊のイタリア一周』という本が国策出版社の第一書房から出ています。『有賀鉄太郎著作集』には入っていませんが。

それで有賀鉄太郎はとんでもないやつだと言ったら、同志社の先生にたしなめられました。戦前、東京で、神学校や神学科が強制的に合同させられたでしょう。しかしあの時に同志社がそうならなかったのは、有賀先生が当時の文部省に「われわれはムッソリーニと交流をしてきているファシストだ」と言ったからですと（笑）。「ファシストのプロテスタントだから国策に反対するはずがないだろう」ということです。そうしたら「じゃあ同志社はいいか」と、同志社はお目こぼしになったそうです。

ところが戦後も話があります。戦後占領軍が入ってきて、オーテス・ケーリさんが同志社の文学部の教授になります。この人はハワイの収容所長だった人で、OSS（CIAの前身）

の親玉です。そうしたら有賀先生、英語が堪能なものですから、ケーリに「われわれは戦時中ひどい目にあった」と泣きついた。それで、日本が再びああいった戦争をしないためには、国立大学に神学部を作らなくてはいけない、だから東大と京大にキリスト教学科を作るということになったのです。東大は絶対に嫌だ、キリスト教なんていうあちらの宗教を教える学科を作るのは、いくら敗戦国でも絶対にできないと反対しました。そう頑張ったので、東大は西洋古典学科になったわけです。だから田川健三さんのような変わった人が出てくる(笑)。京大はキリスト教学科ができて、有賀先生が主任教授で行くわけです。ところがキリスト教精神を定着させることは国立大学ではうまくいきませんでした。

その後にできたのが国際基督教大学(ICU)です。ICUの設立準備委員は高松宮殿下ですね。アメリカでの募金委員会の責任者はダグラス・マッカーサーです。要するにICUの理念は、戦後日本の国体なのです。日米同盟というものが、日本の国体、天皇制を維持するために不可欠だ、このことを分かっていますというのがICUの存在意義ですから。最近、皇族関係者が学習院ではなくてICUに行くというのは、日本の政権の中枢が右傾化しているなかで、皇室は戦後国体から絶対に外れませんよというメッセージだと思います。湯浅八郎さんをご存知ですか。あの人は同志社の総長でした。彼がICU初代学長になりました。

その辺の悪事には、大体同志社の関係者が噛んでいるわけね（笑）。

■魚木忠一

魚木先生は、それとはまったく違う、むしろ、ボーっとした人だったようです。そもそも松山のほうに丁稚奉公に出されてはんこ屋さんをやっていたわけですから、ガリ版を切るのがうまいのです。魚木先生が戦前作った資料は今でも読みやすい。もともとはんこ屋さんですから、字を書くのが上手です。魚木先生は日本精神というようなことを戦争が終わってからもずっと言いました。ただし、戦時中も神学部の朝鮮人学生が捕まると、もらいうけに行くのですが、有賀先生はそういうことしないで、魚木先生がやっていたという話です。魚木先生の発想というのが、出た時期が悪かったのですが、昭和16年に『日本基督教の精神的伝統』という神学書を出しました。

それはどういうものかというと、純粋なキリスト教なんて存在しないというものです。イエスがパレスチナに現れることでキリスト教の本質が示された。今ではちょっと古い概念ですが、彼はキリスト教の本質というものがあると主張します。その本質がパレスチナの文化的なものと交わって触発されて――彼は触発という概念をキーワードにします――パレスチナ型のキリスト教の類型ができた、それはユダヤ類型だとします。さらにギリシャ類型ができます。ラテン類型ができます。ゲルマン類型ができます。アングロサクソン類型ができます。スラブ類型ができます。北欧類型ができます。そうやっていくつかの類型ができて、その類型の枝の関係同士は権利的に同格です。アジアにおいては日本類型ができます。

こういうふうに福音を捉えていこうとしました。キリスト教の本質というのは救済宗教なのですが、その救済宗教というのは、実は仏教の伝統を継承しているとして、彼はキリスト教用語のどれくらいのものが仏教から取られているかということを書いて、それと神道の文脈、儒教の文脈、その三つの文脈のなかで、日本のキリスト教は受容されているのだという議論をこの本で展開しました。これは十数年前に大空社から復刻になっています。今、古本屋ではかなり高い値段になっています。

この魚木忠一がやろうとした作業というのは、同志社的な真面目な土着化の研究なのです。以前日本キリスト教会から出た論集の中で、魚木を激しく批判していたものがあるのですが、魚「木」忠一ではなくて、魚「本」忠一って書いてありましたから、たぶんまともに読まないで孫引きで批判したのだと思います。いずれにせよ、土着化に向けた真剣な歩みというのを、どういうふうに消化しているか、むしろこの組合教会がやった事柄なのですが、それを日本キリスト教会のほうに投げてみたときに、日本キリスト教会からどういう反応があるのか、そこに私は関心を持っています。

人文系の存在意義、実学を見渡す視座

松谷 土着化の点と並んでもう一つ、第二の点として信仰と学知の問題にも言及していただきましたけれども、大学においては人文系を統廃合していこうという世の中の流れもあります。教会内でも、反知性主義的な流れとして、学問的なことはまあ置いておいて、実用的なキリスト教でいこうというような、流れとしてそういうのはあるような気がするのですが。

佐藤 それは先ほど、日本キリスト教会神学校のシラバスを見て安心しました。技法に凝るような、たとえば臨床心理学とか、レトリックとかディベート術とか、そういうものを採り入れていないというところが非常に重要です。やはりプロテスタント神学の王道というか、よき伝統をきちんと維持しています。ですから一見古いようですが、古いものは新しいのです。

というより、すぐに役に立つものは、すぐに役に立たなくなるのです。

■ドイツの大学改革におけるシュライエルマッハー

１８０８年でしょうか、「ドイツの大学の責務」という論文をシュライエルマッハーが書いています。それは何かといえば、当時大学改革の嵐になりそうになったのです。フランスのナポレオンが、「総合大学」はわけの分からないことばかりやっていると批判しました。国家を強化するために、理系を中心に再建して文系を潰せって言ったわけです。フランスはそれを実行しました。ドイツもそれをやろうとしたのに対して、シュライエルマッハーが反対して、そんなことをやったら、中世の、技芸をやっている職人学校になってしまう。国家というのは結局実務機関で、実用に役立つ人材を作ろうと思っていますから、短期的な視野しかありません。しかし、それではいけないのです。それぞれの分野がどうなっているかということを、横断的に理解できるような知識人をつくらなければいけない、それが高等教育の仕事なので、だから絶対にフランス流の大学再建はやるなという論文をシュライエルマッハーは書きました。その論文が強い力を持って、ドイツは実学系に移らなかったのです。実はそれが19世紀に、ドイツがフランスを追い抜く一つの根拠になりました。

このことについては中央公論新社から出ている『哲学の歴史』全集第7巻に「シュライエルマッハー」という特別の章が組まれていて、その中で、大学改革におけるシュライエルマッハーの役割について書いてあるので、非常に面白いです。そのシュライエルマッハーでも、彼はピエティズム（敬虔主義）とはいえ基本的な流れは改革派の人です。ですからこの改革派的な考えというのは、このシュライエルマッハーなどでも生きていますので、重要だと思うのです。ですから、われわれはそういった伝統を継承しているのです。

昔、大宮東伝道教会の教会史を書く時に、五十嵐先生が「イエス・キリスト誕生」のところから書き始めて、みなが度肝を抜かれました。うちの教会のスタートって、そこから書かないといけないのかと（笑）。そうしたら五十嵐先生が「そうです。イエス・キリストを起源としているから、うちの教会のスタートはイエス様誕生のところから書かないといけない」

そう言って年表書きましたから、こういう感覚がやはり重要なのです。

質問に答えて

松谷　みなさんから出していただいた質問に、ざっと答える形で、よろしくお願いします。

――今後日本でクリスチャンが増えることはありますか。

考えられません。基本は斜陽産業です。

――教会に行かないクリスチャンをどう考えますか。

ケースバイケースです。その個別の事例をみないと何ともいえません。

――アメリカで暮らした時、教会に所属せず日曜日は家庭で家庭礼拝をしているスタイルを目にしました。クリスチャンは教会に所属しないといけないのでは。教会での奉仕はクリスチャンの義務ではないでしょうか。

『教会員の生活』を持っている人は73ページを開けてください。73ページにはどう書いてあるでしょうか。「家庭礼拝は教会の礼拝に代わるものではなく、教会にあって共に礼拝に与っているものとして守ります」と、ここに書いてあるでしょう。これが正解です。こういった質問をする人は、ぜひ『教会員の生活』を読んで自家薬籠中のものにしてほしい。それでこの『教会員の生活』に出ていますが、これはちょっとおかしいと思うことがあった場合には、長老や牧師に相談してみるといいと思います。

——佐藤さんの伝道例はありますか。家族、友人でクリスチャンになった人は。

私の今の家内は教会に行っていませんし、勧めたことも一度もありません。私の家内の父親は「寺だより」という新聞を出して、仏教のお寺の判子を作ったりするのが生業です。教派横断的に仏教の人たちとはつき合っています。それで「檀家は何ですか」と聞いたのですが、よく分かりません。いろいろ私のほうで調べてみたら、身延の系統の日蓮宗のようです。そういうわけで、家族や親族にキリスト教は特に勧めてはいません。

ただ、私との関係において教会に通うようになり、洗礼を受けた人は何人かいます。二桁はいます。ただし、私はどうもユダヤ教の影響をイスラエル人との関係で受けたせいか、「入りたい」という人がいると、「止めたほうがいいよ」と忠告します。これは刺青と一緒で、落とすのが大変だ。創価学会だって入会規定と脱会規定がありますが、キリスト教には脱会規定がありませんから、入るときはよく考えたほうがいい（笑）。少なくとも創価学会よりは厳しい団体だと思ったほうがいいと、それくらいのことは言います。

これはフロマートカの影響が強い。彼は「キリスト教ミッションの終焉」ということを戦後に言いました。キリスト教の伝道活動はどうしても植民地主義と結びつきます。キリスト教に関する情報はもはや社会全体に行きわたっていますから、もはや積極的な伝道はしないで、扉をたたいてくる人だけに誘ったらいいのではないか、こんな感じのことをフロマートカが言っています。私にはその影響が強いのです。しかし人それぞれ、いろいろなやり方があると思います。

――求道者ですが、三位一体に躓いています。三位一体を理解するよい方法を教えてください。ユニテリアンについてはどうお考えですか。

三位一体という訳語は基本的に東京神学大学系の術語です。われわれは、三位一体と口にするなと同志社で厳しく指導されて、トリニティのどこに「位」と「体」があるのか示せ、とこう言われるのです。三一でしょう、「位」とか「体」とか、それ自体が解釈なのですと。三で一で、よく分からないというところにこれはありますので、これは理解できないのです。理解できないけれども、内在的三一論とか経綸的三一論とかいう形で理解する試みがあったなあと、そういう感じで、それこそパネンベルクのテキストを基本にして勉強させられました。
ですから、これは躓く問題ではありません。なぜなら聖書にストレートに書かれている問題ではないからです。神学者にとって重要なのですが、内在的三一論とか経綸的三一論というのは、それなりに歴史を理解する場合、世界の構造を理解するために、やはりわれわれは非常に重要だと思います。

■ユニテリアン

ユニテリアン主義に関しては、アメリカの事実上の国教ですね。アメリカの大統領は宣誓時に「神にかけて」とは言いますが、「キリストにかけて」とは言いません。要するにまことの神ではなく、まことの人で、偉大な先生だという理解です。そういうふうにすればユダヤ教徒ともイスラム教徒とも軋轢が起きません。そのアメリカの文脈から出てきた合理主義的なキリスト教解釈の一つです。ではユニテリアンの人びとをわれわれは排除するのでしょうか。ユニテリアンというのはユニテリアン教会だけでなく教派横断的にいますからね。長老派にもいますし会衆派にもいます。

たとえば「イエスは救いである」と、これはちょっと譲りすぎです。本当は「イエスはキリストであり救いである」というところにつながらないといけないのですが、まあ、イエスは救いであるというところに包摂されるのであれば、キリスト教のなかに入れていいと私は思います。

ただ、イエスは救いではなく実は十字架は失敗だった、新約聖書と旧約聖書だけでは足りないので成約聖書が必要です、うちの教祖はヘブライ語なまりの韓国語でお告げを受けました、そういうような教団になると、さてキリスト教といえるのでしょうか（笑）。でもあれ、いま名前を変えたのですね。「キリスト教」をはずしたのですね、あの人たち。キリスト教の仲間でなくてもいいということなのでしょう。あと、ジョセフ・スミスという人に金の板に書いた神の言葉を啓示したのですが、書き写した途端に全部消えた、それが第三聖書でモルモンの書としてある。霊的には一夫多妻は可能である。さてこの人たちをキリスト教の枠で捉えていいのかどうかということになりますと、すごく悩みますね。

ユニテリアンの場合は悩まないのですが、社会学的にみればそれもまあ一応キリスト教です。ただ、救済宗教という観点からみたときに、イエス・キリスト以外のところに救済の根拠を求めるという宗教は、われわれの信じているキリスト教とは違います。ユニテリアンはその意味では、イエス・キリストが救いという枠には入っていると思います。

――国境、人種、宗教などがボーダーレスになっていきますが、（キリスト教は）ユニテリアン主義などに収束されると思いますか。三一主義は残ると思いますか。

三一主義は残ります。むしろ三一主義、三位一体の立場に立つ伝統的なキリスト教のほうが強くなります。ユニテリアン的な合理主義によっては世界は解明されないし、世界の問題も解決されていません。人間の限られた知性の限界というのは、ますます明らかになっています。伝統的なキリスト教の強さというのは、このような状況でますます発揮されると私は思っています。

――反知性主義者やファンダメンタリストとは、どう付き合っていけばいいでしょうか。

無視してはいけません。これも具体的な事象に落としていくことです。ですから、どの問題この問題という各論に落としたうえで議論をすればいいのです。抽象的な形での議論はたぶん噛み合わないし生産的でありません。

――佐藤先生はふだんどのような祈りをされていますか。

キリスト教徒にとって祈ることと働くことは不可欠です。中世の修道院のスローガンでもあります。祈りというものを忘れたら、それはやはりキリスト教徒ではなくなりますね。あと私は、洗礼を受けてから、聖書の差し入れが認められなかった東京拘置所での最初の1週間を除いては、聖書を開かなかった日は1日もありません。何語の聖書であれ、必ず聖書を開いています。それは習慣化しています。祈ることと聖書を読むこととは、私にとっては生活のなかで不可欠の一部になっています。

――ネオコン（新保守主義）の思想がよく分かりません。なぜ世界中で戦争が作り出されるのでしょうか。

ネオコンの思想について知りたいなら、Irving Kristol の「Neo-conservatism: The Autobiography of an Idea」という、Elephant Press から出ている、残念ながら翻訳はありませんが、この本を読んでみるといいでしょう。ネオコンがニューヨーク市立大学の第二サークル、これはトロツキストのサークルなのですが、そこから生まれてきたということがよく分かります。世界革命の思想を自由と民主主義という形に切り替えて、力によって自分たちの思想を普遍的に実現していこうという、普遍主義の変種です。

人類の歴史のなかでは、必ず力を行使する普遍主義というものが出てきます。カトリシズムも一時その誘惑に取りつかれましたし、今も潜在的にその傾向があります。国際共産主義もそうでした。今の「イスラム国」もそうです。これに対して、われわれプロテスタンティズムは、力による普遍主義という立場は採りません。この地上においては多元主義という立場を採ることができます。これがやはりプロテスタンティズムの強さだと私は思っています。

――プロテスタントが主流のアメリカが力を行使する背景、過激な軍事国家になっていく背景は何でしょうか。

たぶん19世紀にアメリカがロマン主義を経験しなかったからです。ロマン主義をほかのヨーロッパが経験しているときに、フロンティアの開発をして思うがままに力で広げてしまったからです。人間が持っている非合理性とか、人間が持っている闇の危険性に関して、アメリカ人は鈍感です。この状況は今も続いています。ですから実のところ、ロマン主義問題というのは非常に大きいのです。

――神学の思考のなかで、カール・バルトが表現主義の影響を受けて、簡単には理解できないあのような神学書を書いた、その根拠や背景を教えてほしい。

根拠は簡単です。文体を見れば分かります。バルトの文体は読んでびっくりしますね、何を言っているか分かりませんから（笑）。あれはびっくりさせるために、わざとそう書いているのです。その背景は、普通に書くと読者がよく考えないからです。

びっくりさせないと考えません。上にいる神といっても、上ってどこ？　ブラジルから上というのは？　ブラジルから下というと、地球のマグマを突き抜けて日本でいうと上？　ガリレオやコペルニクス以降の世界観ですと、上とか下とか意味がありません。だから、上にいる神なんて言ったらナンセンスですから、シュライエルマッハーは神が心の中にいると考えました。

その心の中の神の声に忠実に従って起きたのが、第一次世界大戦です。大量殺戮と大量破壊。そうしたらもう1回上にいる神、あるいは外部にいる神を取り戻さなければなりません。ただ、上にいる神というとコペルニクス的世界観とは合致しないので、だからびっくりさせる形で書いたのです。上にいる神なのですが、いわゆる物理的な上下、あるいは形而上的な上下ではないのです。それを分からせるためには、ああいうことを書かなければならない、だからそんなバルトの、ああいう時代背景のなかで書かれたものを、どう読んでいくかということが21世紀の日本に生きる私たちの課題になります。

――自分のキャリアを考えていくうえで大切なこと、もしくは、ブレてはいけない線とは何でしょうか。

シュライエルマッハーが『神学通論』の中でこんなことを言っています。神学生が何を専攻するのか。一つは自分の適性、能力です。能力、適性がないのはよくありません。あと教会の必要です。この二つを合わせてやるということなのですが、キャリアを考えていくうえでも、自分に適性のあることです。たとえば私が短距離走の選手になるなんてことは無理です。そういうことは考えません。あと社会に必要なことは何か。それらのことを考えていくなかで折り合いをつけていくのです。

――学び・知識を身につけていくなかで本質的なことは何でしょうか。

知識ということに関していうなら読む力です。なぜならば読む力を書く力・聞く力・話す力が超えることはないからです。ですから読解力をいかに高めていくかということがポイントになります。その場合危険なのはＬＩＮＥなどのＳＮＳです。あれは瞬時に反応します。単語数と文体がものすごく単純です。おまけに絵文字まで使って表現が単純になっています。そうすると読む力が弱るわけです。読解力が弱ることによって、一見書いているようにみえますが稚拙な文章しか書けなくなります。その結果、他人の気持ちになって考えることが苦手になります。

――クリスチャンとしてどのような視点から世界を見ていけばいいのでしょうか。また青年会で今、そして今後やるべきことは。

キリスト教徒としてどのような視点で世界を見ていくかということは、やはりわれわれは原罪を負っている、罪から悪が生まれてくるのだという事実をリアルに認識することです。人間の世界においては悪が常にあるのだという視点を持つことが、非常に重要です。しかもこの世においては、光の子よりも闇の子のほうが賢いですからね。こういった現実を批判的に見ないといけません。

青年会が今、そして今後やるべきことはやはり、聖書研究を中心に活動することです。それから聖書研究の延長線上で神学の勉強をきちんとしてほしい。教会の青年会としてやれること、特にプロテスタント教会の青年会は、やはり「聖書のみ」の伝統のところにきちんと立った活動です。それが結局は役に立つし楽しくもなってくると思います。

――地域に伝道していく方法がありましたら、教えていただければ。

地域のさまざまな活動のなかで、何かを相談される人になっていくことです。いろんな相談に親身に乗っていくなかで、その人がキリスト教的なものに関心を示すならば道案内をしてあげればいいのです。ただ、うちの教会に来ましょうというビラを刷ってポストに入れても、集合住宅なら警察に通報されて終わりになる可能性が高いですから、そういう方法ではなく、具体的なリアルな人間関係のなかで伝道の課題は出てくるものです。

――安保法制廃案運動、市民団体、労組、政党などとの連携強化はしないのでしょうか。国民連合政府についてはどうですか。

これを考えた方は誰でしょうか？　意味がよく分かりません。安保法制廃案運動、市民団体、労組、政党と連携して教会の影響力を強化する必要があるかという質問でしょうか？　それならば、この種の事柄は教会形成とはまったく関係ありません。

教会員の一人として、日本社会の一員として、この問題に関与する必要があると考えるならば、関与したらいいのです。ちなみに専門家的な観点からみれば、安保法制に関しては、これができても今までと何も変わりません。明日戦争が起きるわけでもなければ、これによって日本の安全保障対策が強化されるわけでもありません。外交や安全保障問題には固有の文法があります。聖書を解釈するときに規則があることや、コイネーギリシャ語の知識が必要なのと同じです。だから情緒的な話で安保法制について語ると信仰がずれてしまいます。

国民連合政府は共産党の政策です。教会員であって共産党員であることも、あるいは共産党シンパであることも否定はされないわけですから、その人が共産党の政策が正しいと思うのならば支持すればいい、それだけの話です。いずれにせよ、今ここに出てきた課題は、教会の第一義的な課題ではありません。では靖国神社は？　私の意見では、今の時点で靖国問題は教会の課題ではありません。なぜなら、靖国神社の国家護持や靖国神社を参拝することがキリスト教徒に強制されているわけではありませんから、信仰告白的な事態ではありません。しかしかつて靖国の国営化の問題があったわけですから、潜在的には、今のような政権だといつでもこういうことが出てきうる、これは私たちの信仰的良心と関わる大問題ですね。

それから私は、宗教的に中立な追悼施設というものも、ものすごく危険だと思います。これは教会として絶対に反対すべき、信仰告白的な事態です。追悼行為のなかには宗教性がありますす。国家によって作られた追悼施設を拝めというのは人造宗教そのものです。神道との連続性がある民族的な性格を持っている神社のほうが、まだましです。国家が強制して人間の内心に入ってくるということに対して、われわれは敏感にならなければいけません。ということは、キリスト教徒も他者の内心に土足で踏み込むようなことをするべきではないのです。

それから、表現の自由、信仰の自由で一番重要なのは、自分の信仰を強制して告白させられないことです。内心で思っていることは語らない自由があることが、本来の自由権です。語らないでいい自由が何よりも重要です。だからそういう自由権に関わることについては、根源的に考えてみる必要があります。今の政府はけしからんから特定の運動に加われ、それが教会の課題だと、短絡的にそう言うのは二重三重の飛躍があります。どうして飛躍しているのかということについては、丁寧な議論をしなければなりません。

――国家についてどう思いますか。

私の国家に関する議論はＮＨＫブックスから『国家論――日本社会をどう強化するか』という本を出していますので、それを読んでください。

――何も悪いことをしていないのに、鈴木宗男のとばっちりで外務省を免職になった時、どう思われましたか。

何も悪いことはしていないというのは、「私はしていないと思っている」というだけのことです。検察はやったと言っているし、裁判所は検察の認定を採用しているから、真実はどうなのかよく分かりません。ただこれについても『国家の罠』（新潮文庫）という本の中で詳しく書いていますので、読んでみてください。ちなみに事実関係を言うと、私は免職になっていません。外務省から処分は一切受けていません。禁錮刑以上の刑が確定したので自動的に国家公務員の身分を失っただけです。自然失職です。あの事件があったにもかかわらず外務省が私を処分していなかったというところに、あの事件の大きな謎があります。

――なぜ佐藤先生が外務省を免職になったのか理解できません。辞めなくてよかったと思います。

政治の世界には必ず抗争があります。ある種の事案、北方領土とか拉致問題とか大きな外交事案というのは、必ず政争に巻き込まれます。だから負ければ私のようになるという話です。勝てばそうはならなかった。これも単純な話です。

――欧州への難民の大量流出について、キリスト者として日本人としてとるべき対応について――

私は日本政府による第三国定住難民の受け入れ業務に従事しており、自治体や企業におけるこの問

題の重要度認識の低さ、難民の日本への順応性の難しさに直面しております。キリスト教徒としての視座を失わず、この業務に向き合いたい、ご意見をお聞かせください。

これはすごく深刻な問題です。日本は難民条約に加盟していますから、難民は来たら必ず受け入れないといけません。ところが国内法的にどんな人を難民にするかという明確な定義がないのです。ですから今、難民申請5000件出ているうち、11件しか認めていません。これでは国際的に通用しません。シリア難民に関して、どこかの国の偉い人が「1000億円われわれは供出している」と胸を張っていました。しかし「ではシリア難民を具体的に受け入れるんですか」と聞かれますと、「シリア難民については各国と協議するが、人口問題について、女性や高齢者の活躍など、打つべき手がたくさんある。だから移民問題よりも先にそちらに手をつけたい」。この人には、移民と難民の区別がついていないようです。移民は自発的に移住している人です。難民はそこにいたら殺される、生きていけないということで移住を余儀なくされた人です。これは全然違うカテゴリーで難民条約に該当する人たちです。

ただ、あまり頭のよくない政治家に、「先生（国会議員のこと）、難民と移民の区別もつかないんですか」と言えば、ぷいっとふくれて「そんなものがついても予算は認めない。わが国が受け入れる必要はない」などと言う危険があります。だから言い方を工夫しなくてはなりません。「先生、確かに先生のおっしゃられたように、難民問題にはさまざまな側面があります。経済難民というカテゴリーがございまして、いまドイツとの国境でも、シリア方面のアラビア語を話す通訳をいれまして、本当にアラビア語を話せるのかどうか、たとえばアフガニスタンの移住者がシリア難民と自称している例もございますから、チェックしております。しかし先生、これは原理の問題でございまして、難民と申しますのは生存のために移住せざるをえないという人を指しておりまして、これは自発的な意思ではないのです。移民に関しては自発的な意思で移住しておりますので、シリアの難民問題の文脈で、移民や少子高齢化の問題は、ご一緒にされないほうが先生のご意思がより正確に伝わります」と、こう言わないといけません。こう言えば「うん、君、大体分かったよ」といって、それでおおむね話が通ります。政治家には政治家の文法がありますから、あの人たちを怒らせないようにしながら、どうやって「あなた間違っているよ」って、間違いを自覚させるかが官僚の腕になります（笑）。

——新日キはたびたび「敷居が高い」「一見さんお断り」と言われるように思います。土着宗教から新興宗教まで、宗教にあふれているこの日本で、それぞれの教会はどのように門戸を開いたらいいと思いますか。

敷居が高くて一見さんお断りというのはどの宗教団体でもそうです。たとえば、創価学会をこれから訪ねて行ってごらんなさい、「関心があるんですよ」と言って。絶対入れてくれません。折伏で行ったってなかなか改宗して来ないのに、そこに自発的に来るなんていうのは何を考えているか分からない。要するに、敷居が高いとか一見さんお断りというのは、そこに耐エントロピー（エントロピー・レジスト）の構造があるからです。教会のなかには独特の掟がありますす。それが外の人から見れば敷居になっているし、一見さんお断りになっています。それは宗教団体として当たり前のことなのです。もし出入りが自由なら公衆便所と一緒なわけです（笑）。だからそうしてはいけないのです。

確かに教勢を広げたい、教会を大きくしていきたいという願い、望みはあります。けれどもそれは、どちらかというと資本主義の、拡大再生産の話ですね。となると、やはり私は個別具体的な関係において、必要なら教会の仲間として受け入れるし、その人もイエス・キリストを救いとして受け入れる、そういう人がいて、具体的な問題を抱えているときにアプローチすればいいと考えます。そうではなく、とにかく教会のメンバーだけ広げればいいという話になると、それは結局は定着しないし、教会の雰囲気が悪い方向に変わってきます。

同志社の神学部は、今9割がクリスチャンではないでしょう。とりあえず教会の実習で、どこかの教会に行ってきてレポートを出せという課題を出します。そうしたら「先生、怖かった」。「どうして」と聞いたら、「70歳くらいの人たちに囲まれて、個人的な事柄を根掘り葉掘り聞かれて、来週また来いという感じで。絶対に離してくれないような気がするから、怖いから二度と行きたくないです」。こういう感じになると、それよりは一見さんお断りとか、敷居が高くて「来たければ来ればいいよ」くらいのほうが、あとで訪ねて行きやすくなります。ですからあまり歓迎しすぎないほうがいい。そういう意味で、日本キリスト教会くらいがちょうどいいのではないかと思います（笑）。

――神に対して誠実、国家・国民に対して誠実、知において誠実であるという態度を、ご著書から印象深く読ませていただきました。

比重が変わってきました。神に対してはいつも誠実でいたい。知においても誠実でありたい。しかし国家に対して誠実であるということについては、率直に言うと、もう国家のことに関わりたくありません。特にこの、ものすごい政権が存在している間は。強いて言うならば、平和を維持するとかまともな話が通じるのは、今の政治エリートのなかでは公明党の人たちだけです。民主党（民進党の前身）の議員にも友達は多いのですが、ところが彼らは発話主体の誠実に欠けています。民主党の三分の二は集団的自衛権をやりたいのです。政局の観点から反対しているだけです。ですから話を聞いてみると、恒久法だとアメリカに毎回恩を売れないからだめだとか、このままでは地球の裏側までは行けない、何のための集団的自衛権か分からない、だから絶対反対だと。何をこいつら言っているのだと、そういう感想を持っています。

——好きな食べ物、お酒は何ですか。

お酒は一生分飲んだから、もう極力飲まないようにしています。好きな食べ物は美味しいもので、嫌いな食べ物は、まずいものと腐ったものです（笑）。以上、全部の質問に答えました。

●フリートーク

松谷　ここからは、今までの話も踏まえて、ざっくばらんなフリートークをしたいと思います。マイクを回します。

――キリスト教は斜陽産業とおっしゃいましたが、今の世界状況に鑑みて、日本でもイスラム教徒は増えていくと思いますか。

加速度的に増えていきます。なぜなら日本の現在の経済水準を維持していくためには移民が不可欠だからです。今の安倍政権はイデオロギー的な理由で移民を受け入れないと言っていますが、経済的には安倍政権のやっていることは新自由主義です。新自由主義になってくると移民が入ってきます。そのなかで相当程度入ってくることが想定されるのがインドネシア人、マレーシア人、インド人、パキスタン人、バングラデシュ人、フィリピン人などです。フィリピンの場合はミンダナオ島には相当数のムスリムがいますから、日本のムスリム人口は急激に増えます。

現在、日本のムスリム人口は、ムスリムに（結婚とかではなく）自発的にコンヴァースした人が大体1万人といわれています。

宗教集団が過激化するかどうかという場合に、非常に重要なのがメンター、すなわち精神的指導者です。1万人くらいの宗教集団であって、そこに相当極端な考えを持っている人が100人くらいいても、それを組織化してイデオロギー的な注入をできる人がいなければ、深刻な問題は生じません。ですから仏教系のカルトはいくつもありますが、ふだんは問題になりません。麻原彰晃というメンターがいたので、オウム真理教は深刻な問題を引き起こしました。

麻原による人類救済事業、これは実はルターに似ています。ルターは農民戦争の時に、農民が国家権力に反対するのは「罪の罪」だと主張しました。ですから農民がまだあまり罪を犯していない今のうちに、彼らを物理的に殺害しておくべきだ、そうすれば彼らの魂は汚れないので、彼らは終わりの日に救われる可能性がある。ですから極力いまのこの段階で、徹底的に農民たちを鎮圧しろとルターは訴えました。麻原彰晃の論理もそれに非常に近い。彼らが言っているポアというのは、オウム真理教に反対するようなことを警察がすれば、警察官たちが救済されないだろう。だからいま助けて（殺して）やれということです。
　このようなイデオロギーを作り出す人が、イスラムの過激な思想を持つ人びとの中に出てくると、非常に面倒くさいことになる危険性があります。だからイスラム研究は非常に重要なのですが、同志社大学で一神教研究をやった結果、今どうなっているかと言いますと、この一神教研究から少し距離を置くようになっています。やはりそう簡単に対話はできないのです。ユダヤ教徒とキリスト教徒の信じている神は比較的近いと思います。しかし、イスラム教のアッラーという神とわれわれが信じている神が果たして同じなのかということは、よく吟味してみなければなりません。
　イスラム教の影響が急速に拡大することになって、国際社会にはテロリズムや戦争なんかを含んだ形での衝突がかなり増えてきます。その場合、対話という形での方法が可能なのかというのも、非常に難しい局面があります。

――フロマートカが今後さらに訳されていく予定はありますか。また「まだ読まれていない、こんな神学者がいる」というようなお薦めはありますか。

フロマートカで最近訳し終わったのは、論集なのですが、『宗教改革から明日へ』です。15

世紀のボヘミヤ（チェコ）宗教改革から、20世紀までを扱った1956年に作られた神学書です。これは今、原稿の最終チェックをしていて、その意味で仕事は続けています。

フロマートカは表面的にみていると、ナショナリズムとプロテスタンティズムをくっつけた人にみえます。けれども実は、その構成は脱ナショナリズムで、近代神学を脱構築する形になっています。それが現実との絡みでどこに表れているかといいますと、チェコとスロバキアが分離する時に、流血がまったく起きていないというところです。どうしてすぐそばのユーゴスラヴィアがあんな流血になったのに、チェコとスロバキアではそれが起きなかったのか。あるいは、ウクライナがあれだけ流血の惨事となっているのに、チェコでは起きないのか。それはチェコの思想の独自性にあります。

■実念論的な世界観

この関連で、15世紀のボヘミヤ宗教改革からさらに100年戻って、イングランドのウィクリフに戻らないといけません。哲学史の教科書を繙（ひもと）くと、中世哲学で当初は実念論が主流でした。それが徐々に唯名論になっていきました。そして唯名論から現代的な思想が出てきて、ナショナリズムとかもその系譜から出てきます。中世末期に実念論が残り続けた大学がオックスフォード大学とプラハのカレル大学です。ですから、両大学にはあれだけ距離があるのですが、思想的には構成が非常に近かったのです。

実念論的な構成があるとどうなるかといいますと、目には見えないが確実に存在するものがあるという発想になります。実念論でいいますと、まず果物という概念があって、その果物という概念からぶどうとかみかんとか、メロンとか梨とかが派生してくると考えます。逆に唯名論的な考え方からすると、梨は木になるものであって、イチゴは草になるものですから、イチゴはイチゴで梨は梨なのです。「果物」というのは便宜的につけた名前にすぎません。ですから、あるのは「果物」ではなくて、個物（個々のイチゴや梨）です。

実念論的な世界観に立つと、たとえば成文憲法はなくて済みます。裏返すと、法的言語で書かれたことは、それが国民を規定するすべてにはならないのです。なぜなら、目には見えないが確実に存在する憲法があって、それが具体的な文脈で言語となって、判例として表れるからです。こういう考えになりますから成文憲法はいらなくなります。チェコには成文憲法がありますす。しかしチェコ人は、チェコ性なるものは目には見えないが、確実に存在するものであると考えています。だから現実にある民族とか、現実にある制度とかいうものが、一種の影に見えます。その意味ではプラトニズムになるわけです。自分たちのアイデンティティを保存しながら、なおかつ自己絶対化を避けます。チェコ人の発想というのは、そのような機能を果たすことができるのです。これは実に面白い現象だと思っています。

■チェコ神学に関心

それで、先ほど言ったような土着化を考えるときに、私がチェコ神学の理論において関心を持っているのは、その実念論的な構成のところです。一方で、日本の文脈で関心を持っているのは、日本人であってプロテスタント教徒であるということは、どういうことなのかという問題です。アメリカなりヨーロッパなり、北欧なりのものを輸入してきて、それと同じことを繰り返す、ということではないはずです。では日本的なキリスト教というのはあるのでしょうか。それもちょっと違うような気がします。

チェコ人であって、なおかつプロテスタントであるという難しい課題を解決して、彼らは自らのアイデンティティを作り出すことができました。しかもチェコ社会は何とも不思議なところで、無神論者が6割、そしてカトリックが主流派でプロテスタントはごく一部です。それなのにプロテスタントは、チェコ社会において無視できない位置を占めています。このことは日本のプロテスタンティズムの未来について考える上でも、一つの参考になると思っています。

――会社の同僚などに「イスラム教徒は1日5回もお祈りなんかするから差別されるんだ」という声がありますが、違和感を覚えます。

「イスラム教徒が受け入れられないのはお祈りするから」というのは、国際基準では完全なヘイトスピーチです。人権基準を完全に無視した話で、国によってはそれで司直の手にかかって裁判所に送られる可能性があるくらいのヘイトスピーチです。だからそれが異常だと感じられるのは普通で、もっと言うと「あまりそういうことは言わないほうがいいのではないか」と言ったほうがいい。別件ですが、ＬＧＢＴに関しても日本はひどいものです。オリンピックが迫っているのに、ＬＧＢＴの人たちのためのトイレも十分に整っていないというのは国際基準では考えられない話です。いまだに同性愛者に対して差別的な言辞や揶揄につながっています。これはイスラム教徒に対してもそうです。そういうふうに社会が信仰のゆえに排除すると、信仰者は過激化していきます。

意外と怖いのはシーア派です。シーア派は、迫害・排除の危険があるときは礼拝しなくて構わない。その分内面に不満の感情を溜めます。ですからムスリムの問題について信仰の内在的なところまできちんと押さえなければいけません。そのあたりの文化的軋轢は本当に大変です。ですから今おっしゃったような「お前ら、そんなところで礼拝しているから人に変に思われるんだ」というのはとんでもない話で、グサッと刺されても何の文句も言えないような話なのです。

――佐藤さんは日曜学校の先生をしていたとおっしゃっていましたが、日曜学校で大切にしていたことを教えてください。

子どもたちに理解可能な話をすることです。一応日曜学校でも教会暦に従って教えないといけないカリキュラムがありますので、それには忠実に従いました。そのなかで、できるだけ子どもたちによく分かるように工夫をしました。

いま思い出したのですが、日曜学校でちょっと大変だったことがあります。教会に来ている子というのは親を見ていますから、ふだんは「お先にどうぞ」みたいないい子です。ところがクリスマスになると大変。「マリア様の役は絶対に譲らない」と、こういう子が何人か出てきます（笑）。ですから受胎告知の場面のマリア様と、誕生の場面のマリア様と、ヘロデ王から逃げる時のマリア様と、これで分けるとかいろいろ大変でした。かっこ悪いから誰も羊飼いとかはやりたがりません。それで「今年はいつもと違って役を増やします」と一計を案じました。

まず、家のそばのモミの木の役、それから馬やロバとか家畜の役、それからヘロデ王の役です。それで一番言うことを聞かない子に、「大役があるぞ。ヘロデの役をやらないか」と誘いますと、泣き出しました。そうやってハードルを上げておいて、「まあ羊飼いもあるけど」と言ったら、みんなが羊飼いを志望して配役問題は解決しました。ところがあとで教会の長老に怒られました。「子どもにヘロデ王をあてがうのはやはり教育によくない」と(笑)。しかし日曜学校のたびに配役で頭を悩まされるというのは、子どもたちの性格がみえて興味深い。ふだんは譲っている子ほど、マリア様の役は譲らないとか、ヨセフの役は譲らないとか、受胎告知の天使は自分がやると言い張るのです。それが非常に印象に残っています。

もう一つは「学校の成績とは別の基準がある」ということと、「人には適性がある」ということを、どうやってきちんと伝えていくかです。教会でも、どうしても成績のいい子が威張ります。ですからそこで「別の価値観がある」ということを、成績のいい子のプライドを傷つけないようにしてどうやって伝えていくか、そこのところを結構考えましたね。

――青年に向けて「聖書研究を」とおっしゃっていましたが、具体的にはどのようにすればいいでしょうか。また、聖書を読むときに、その神学的な視座は。

たとえば、田川建三さんが自分の聖書に非常にこだわって、「これが正確だ」といっても結局はネストレ第27版の下の注のところでの異本を適宜入れているだけです。その基準は彼の信念というか興味です。信仰という観点からすれば、文献学というのは補助学にすぎずいい加減なものです。たとえば、マルコによる福音書の復活の記載のところに括弧がついていて、それで新共同訳の凡例の部分を見ると、「後世の明らかな挿入である」が「しかし教会で長年使われているからそこについては括弧をつけました」と書いてあります。このことからしてもマルコ福音書をめぐる問題でも、新共同訳は十分誠実な訳をしています。ですから新共同訳を普通に読んでそれに対するコメンタリー、これも標準的なコメンタリーでいいのです。教団出版局から出ている『略解』とか『詳解』とか、あるいはケンブリッジ『旧約聖書注解』でもいい、そういったものも照らしながら読んでいくというのが、高校以上の教育を受けている人たちの、青年会での日本キリスト教会的な聖書研究会のやり方だと思います。そうではなくて、労働運動の現場に入っていくとか、識字の勉強もしながら聖書の勉強をするということになると、聖書物語的なところでやっていかないといけないかもしれません。

■聖書研究のやり方

日本キリスト教会でも、青年会のなかで特に大学生とかでガッツのある人たちは、コイネーの勉強をしたらいいと思います。日本キリスト教会の牧師たちというのは神学校で厳しく訓練されています。日本基督教団の牧師ではギリシャ文字を読めない人がときどきいます。ヘブライ文字となるともっと大変という人が結構います。しかし日本キリスト教会に関しては、そういうことはありません。日本キリスト教会の神学生はコイネーを読解しながら聖書を読んでいますので、コイネーギリシャ語に触れながら読むというサークルを作ってもいいかもしれません。

通読ではなくてもいいのです。主の祈りであるとか、ヨハネ福音書冒頭のロゴス・キリスト論であるとか、そういうところでいいので、コイネーに触れながら、ギリシャ語ではロゴスというのはどういう意味があって、古典ギリシャ語からコイネーギリシャ語ではどういうふうに変遷しているのかということを勉強してもいいでしょう。あるいはプシュケーとプネウマとはどう違うのかとか、こういうことをギリシャ語に触れながら勉強していくことは、知的なことに関心があって、語学に取り組んでいく意欲のある青年たちにとっては、魅力があると思います。

コイネーギリシャ語自体はそれほど難しい言葉ではありませんし、丁寧な注解書が出ていますから、それを参照しながら読み進めていくことができます。そういう、ちょっと難しい聖書研究会というのは、状況によっては教会横断的に、1カ月に1回とか2カ月に1回とかの集まりでやってみる、1年かけて2ページしか読めないとしても、聖書の世界の奥行きを知ることができます。ただしそのときに、青年信徒が自分たちだけでやらないように。必ず牧師の指導を得る形で、牧師先生にチューターをやってもらって、ギリシャ語で聖書を読み解くのです。これはあとで生きてくると思います。

——日本聖書協会が「標準訳」の翻訳を進めていて、2018年頃に完成予定と言われていますが、期待することはありますか。

聖書は一定の普及をすると売れなくなります（笑）。ですから新しい訳を作らないといけません。30年サイクルぐらいで作らないと、日本聖書協会の営業が回りません。作って買い直させるというように。大体は先行訳を参照しないといけませんから、いろんなところが改善してくると思います。ネストレの第28版が出たので、それを参照する関係で出版が少し遅れるかもしれません。それに合わせて直さないといけないところが、特に新約聖書で相当に出てくるからです。

　出てきた聖書がきちんとした翻訳でしたら普及しますから、それを使っていけばいい。ただ、今の新共同訳でも悪く言う人はいるのですが、結局は岩波から出ている荒井献さんのチームの訳にしても大同小異です。むしろ新共同訳のほうが良いと私は思います。新共同訳はギャラリーが大きいので、「おい、この訳違っているじゃないか」とか、「何だ、この言葉は。障がい者に対する配慮をしているのか」とか、クレームがたくさん来ます。ですからそれで改善していくのです。ギャラリーが大きいのが強さです。田川さんとか、一昔前の塚本虎二さんとかがやっている個人訳というのは、個人の情熱は買いますし、その人の世界観は表れているのですが、それ以上でもそれ以下でもありません。私は時間の無駄だと思いますので、そういう聖書を読むのにエネルギーを割きません。

　もっとも、新潮社から出た『考える人』に出ている田川さんのインタビューは面白かった。彼自身は「神はいるかもしれないし、いないかもしれない。自分は不可知論者だ」と言います。かつての無神論を強調していた田川さんからすると、だいぶ後退しています。ですからそれを見ていると、年をとってくるとだんだんマイルドになっていくというのは、田川さんに関してもいえると思いました。

日本聖書協会は全体としては非常に良い仕事をしています。しかし新共同訳を嫌う人たちもいます。キリストの幕屋の人たちは新共同訳ではなくて口語訳を好みます。エホバの証人たちは新世界訳という聖書を使っています。この人たちは「エホバ」と書いていないとだめですから。困ったのは正教会です。正教会の聖書は『我主イイススハリストスの新約』というものです。ニコライ訳でいまだに変えていませんが、いいところも結構あります。聖霊のことを聖神と書きますが、その「神」という字の右側に丸がついています。これは、プネウマは翻訳不能なために、ニコライが新しい漢字を作ったのです。プネウマを神とか霊とかで訳すのは無理ですから、そういうのが翻訳論としてはすごく興味深い。

ところが、日本の正教会には独自の聖書神学をやるだけの神学的基盤がありません。「何としてもイイススハリストスという呼び方を守れ」とか、「マタイじゃなくてマトフェイだ」とか、こういった形で頑張るのです。「ヨハネじゃなくてイオアンだ」とか、こういったものは変えられない。「エルサレムはイエルザリムだ」とか、ロシア語読みで頑張ってしまうのです。そうなると、プロテスタントやカトリックとの共同作業はなかなか思うように進みません。

■共同訳聖書

ちなみにみなさん、共同訳聖書は持っていますか？　新約しか出版されていませんが……。古本屋で１０００円以下でしたら、買うことを勧めます。文法的に正確さを踏まえるとともに意味を訳すということにこだわっています。マタイはマタイオスになるし、イエスはイエスス・キリストになります。ペテロはペトロスになります。ところがカトリックが「これじゃ使えない。イエズスやペトロじゃないとみんな納得しない」と言ったわけです。それで、さんざんすったもんだして最終的に、イエズスはイエスとする代わりにペテロはペトロにするというところで妥協して、名称問題は解決しました。それで新共同訳になりました。ですから共同訳というのを１回読んでみると、「こういう訳し方もあるんだな」と思わされます。聖書というのは訳し方が一つ増えると、それによって多数決の解釈が一つ増えることになります。原語を解さない、あるいは私のようにギリシャ語を専門としない人間にとっては、一つでも多く日本語訳の聖書が出るということは歓迎すべきことなのです。ですから、今度の新しい訳にも頑張ってほしいと思いますね。

――先生にとって、国家という括りの存続理由はあると思いますか。

あります。予見される未来において国家は間違いなく無くなりません。だからパウロはそこをすごくリアルに意識していたのだと思います。

――「反知性主義」というお話がありましたけれども、神学的、論理的に考えるということと、日常生活のなかで他人との関係において、感情的になるということとの折り合いを、どのようにつけておられるのかをお聞きしたいです。

論理と感情の折り合いは、それぞれの人がみんな、それぞれの仕方でつけています。人間は感情抜きにはありえません。その感情を最も積極的な形でとらえたのが、多分シュライエルマッハーです。なぜならシュライエルマッハーは、初期の「宗教論」においては宗教の本質は直感と感情であるといいましたが、後期の「信仰論」においては、宗教の本質は絶対依存の感情であるといいました。どうしてか。感情は人間の外部にあるからです。これはシュライエルマッハーのすごい発見です。抑えようと思っても抑えきれないのが感情です。感情は人間の外部にあります。ということは、感情はある意味では神と近いところにある、だから冷静に理性的にやるなかでどうしても抑えられない、そういう感情が湧き出してくるというのは、感情が神に近いところにあるからだと、そこをどう捉えるかという問題です。

ただ、早くから感情に飛躍しないということが、感情を大切にする意味ではいいのです。すぐカーッとして感情を持ち出すとか、それにつけても信仰が大切だとかいうと、その途中の過程を飛ばしてしまいますから。究極以前のものと究極的なものとを混同してしまう可能性があります。社会制度であるとか国家制度であるとか、あるいは歴史認識であるとか、これらは究極以前のものです。そういうものは極力論理の力を使って理解すべきです。なぜなら、われわれはロゴスというものを神からもらっているからです。しかしそれでも、どうしても解決できない「外側」の領域があるということを、われわれは認識しないといけません。

■笑いと宗教

日常的な形でそれが現れるのは「笑い」です。ベルクソンが言うように、笑いというのは、人間の認識の限界に達したところから出てきます。怖い時に笑うし、悲しい時に笑うし、嬉しい時にも笑う。そうすると、お笑いがブームになるというのは、本来は宗教が機能しないといけないようなところを、キリスト教が機能しないといけないようなところを、お笑い芸人に委ねているということなのですね。ですから最近、極力笑わない努力をしようと思っています（笑）。

　ちなみに、笑わない人たちというのがいます。臨済宗の相国寺派の人たちです。この人たちはお金持ち。なぜか。京都市内に三つしか寺がないのですが、それが金閣寺と銀閣寺と相国寺です（笑）。ですから、拝観料収入を用いて文化行事で講演会とか結構しています。私もそこでお坊さんたち相手に、3回の連続講義をやりました。出席者はお坊さん8割、市民2割なのですが、何を話しても8割のお坊さんは笑いません。寝ているわけでもないのです。目は半分開いていて、聞いていないのかなと思ってもちゃんと聞いているのですね。しばらくずっとそれが謎だったのですが……。

　禅宗（臨済宗妙心寺派）のお坊さんで作家の玄侑（げんゆう）宗久さんに会った時にその話をしましたら、玄侑さんが「それは佐藤さん、修行を受けている坊主だもの。何かおかしなこととか、少しでも感情を刺激するようなことがあったら、脳内のスイッチを切り替えて、その問題から話題をパッとずらして、絶対に反応しないように、感情を出さないようにするのです。そうじゃないと禅宗の修行は修了しませんから。だから面白いと思っていても笑わないのですよ」。これは笑いという世界を脱構築して、内部化して無表情になっているのだなと思って、面白かった。

　キリスト教はそうではなくて、笑う宗教なのです。ですから必要なところで笑わないといけません。笑うような場所、喜怒哀楽が出てくるところをすごく大切にするというのもキリスト教の特徴です。ですから、聖人君子のような生活をして「キリスト教徒は全然怒らない」という、それが理想だろうというのは、ねじ曲がったピューリタニズムです。そういう人は裏でろくでもないことを考えたりします。そうではなくて、感情というのは非常に大切で、一人ひとりが折り合いをつけていったらいいと思います。

――先生に召命はありますでしょうか。

召命感はありますよ。たとえばここに来ているのも、召命感がなければ来ません。たとえば家で原稿を書いた場合、機会費用は1日で約80万円になります（笑）。資本主義的な論理からすれば、ここに来ることは合理的でありません。裏返していうならば何らかの召命感がなければここに来ません。

――先生がしばしばお話ししておられる召命とは、具体的にはどういうことですか。

人間は誰でも死にます。ここにいる人もいつか必ず死にます。しかもその寿命というのは比較的限られていますから、１００年後にこの席で集まる約束をしても、それを実現することは物理的に不可能です。しかしわれわれは、持ち時間は限定されているのですが、そのなかでさまざまな可能性を選択することができます。その選択の可能性を考えたらそれはほぼ無限にあります。ですから制約のあるなかで選択していかないといけません。その選択は、自分で何かを選んでいると思っても、それをよく考えてみると、やはり神様の力によって選ばされていると思うのです。そこに素直に耳を傾けるということが、どれくらい早くできるかということがすごく重要です。

ですからキリスト教の場合、「一人ひとりの個性はみんな違う」ということをよく理解している宗教です。一人ひとりに何らかの召命がある、ただ一人の人を欠いてもこの世界は成り立たない、その一人の人には生きていて何らかの意味がある、その意味が生活を通じて分かるというのが召命です。

■私の召命

私の場合は神学部に行って、牧師になりたいと思ったことが一度もないといったら嘘になりますが、なりたいと思っても「これが私の進むべき道なのかな」ということはすごく真剣に考えました。あるいは同志社の神学部にそのまま残ったら、同志社関連の大学の教員には多分なっていたでしょう。しかし、そういうこともしたくありませんでした。それで自分自身で外交官という道も探したのですが、それも短期間で辞めるつもりだったのが結構長くいることになりました。偉くなるつもりは全然なかったのですが途中で登用されて、ある程度の影響力を行使できるようになりました。そしていつの間にか文部科学省から発令を受けて、東京大学でも教えるようになったのです。

それはそれで、その時どきで自分がやらなければならないことは何なのかということと、自分の適性がそこにあるのかということを考えて選んだのですが……。結局は今になってみると、「神様に呼ばれていた」ということだと思うのです。ですから、あなたはあなたなりの召命感というのがきっとあると思います。だからこそ教会に通っているし、今の生活をしていると思うのです。問題は、それをどういうふうに言語化していくかということです。聖書との対話をしていくなかで、だんだん言葉になってくるのです。

――お母様も沖縄出身で、ご自身も辺野古基地移設問題に関する運動の発起人にもなっておられますが、この辺野古の問題に、落としどころはあると思われますか。

見通しはあります。辺野古の基地はできないし、作らせない。この見通しははっきりしています。仮に土砂を搬入する時に流血があっても、その場合沖縄は日本から分離していきます。分離して日本から離れた後の沖縄の政権が、辺野古にできた埋立地を全部掘り返して１００年かけても元のサンゴ礁の海に戻します。これは明白です。ですから、ここで起きていることに関して沖縄サイドとしては全然憂いはないわけで、そこの意志は固まっています。問題は中央政府の側です。日本人が99％で沖縄人が１％で、辺野古で起きていることは、国際基準でみると民族問題なのです。今までは同化政策のなかで、沖縄人が「自らは別民族だ」ということを言ってきませんでした。今は自己決定権という形で、民族形成の第一歩に入っています。要するにこの問題の本質は差別なのです。

１９４５年に日本も沖縄も等しくアメリカによって占領されました。１９５２年4月28日にサンフランシスコ平和条約が発効した時点で、沖縄、奄美、小笠原は日本の施政の外に置かれました。すなわち憲法が適用されない状況になったわけです。しかも国連の信託対象にもなりませんでした。信託統治になると国際法的な人権規定の制約を受けますので、アメリカがそれを嫌ったのです。ですから事実としてアメリカに占領されているという状態でした。その状態の時、52年時点での日本本土の基地は90％で、沖縄の基地は10％です。１９７２年（沖縄が日本に「返還」された年）には日本本土の基地は50％で、沖縄の基地は50％です。現在は本土の基地が26・2％で、沖縄の基地は73・8％です。どうしてそういうふうになるかといいますと、本土の基地機能がどんどん沖縄に移転されていったからです。たとえば普天間の海兵隊にしても、１９５０年代までは岐阜と山梨にいました。それが、岐阜と山梨で反基地・反海兵隊闘争が強まったので、当時日本国憲法が施行されていない沖縄に移したのです。

■原発と沖縄の基地

さらに、原発の問題と沖縄の基地問題とでは手続きがまったく違います。原発が設置されている道・県については、民主的な手続きで選出された議会・知事の了承、そして民主的な手続きによって選出された設置自治体の議会・長、さらに周辺自治体の議会・長の了解は、例外なく得られています。そこにおいてバラマキがあったとか、あるいは画策があったとか、情報が開示されていなかったとか、いろいろな理屈はあるのですが、民主的な手続きは一応採られています。それに対して沖縄の基地は、まずその大半が、戦後北部に住民が強制移住させられている間に、民間地を占有して勝手に作られたものです。これはハーグ陸戦法規に違反していま す。さらに伊江島とか、あるいは普天間を拡大する時には、銃剣とブルドーザーによって住民を強制的に排除する形で行われました。そういうふうにして、民主的な手続きを一切経ていません。筋論からするなら、嘉手納や伊江島を含めたすべての基地に、沖縄に置かれている正当性がないのです。それにもかかわらず沖縄は、日本全体の安全保障という観点からこの状況を甘受していたのです。

たとえば沖縄振興策で3400億円あります。しかし沖縄県の予算は他の都道府県の予算とは違うのです。正確に言うと「道」は一緒です。北海道と沖縄県の予算は、1回中央政府の機関、北海道でしたら北海道開発局、沖縄でしたら内閣府の沖縄担当のところで予算が組まれます。つまり「橋を作りたい」といっても直接、中央政府と折衝するわけではありません。地方交付税は関係ないのです。別の枠です。それを地方交付税・交付金という枠に計算し直すと、沖縄県がもらっているのは全国で16番目にすぎません。それ以外の助成金でも6番目にすぎないのです。極端に多くの額をもらっているわけではなく、島根や鳥取のほうがずっと多くなっています。

■中央政府の認識の低さ

それで今、中央政府が言っているのは何かといいますと、辺野古の移設が終わって基地負担が抜本的に減るということです。ところが数字から見るなら、73・8%が73・1%に0・7%

減るだけです。しかも辺野古の新基地には航空母艦の横づけが可能になる港ができ、なおかつオスプレイが100機常駐する形になります。しかも中央政府の認識がどのレベルかといいますと、翁長知事から直接聞いたところによれば、この間の直接交渉で菅さんが、「辺野古の海兵隊の必要性は台湾海峡の有事のためだ」と言ったそうです。そしたら翁長さんが、「分かりました、台湾海峡の有事のためですね。それじゃあなんで揚陸艦が佐世保にあるんですか」と切り返した。そうしたら菅さんはきょとんとしていたそうです。

要するに、海兵隊というのは動かすときに船がいる、しかし揚陸艦は佐世保にある、台湾海峡の有事の時には揚陸艦が沖縄にないといけないのです。台湾海峡の有事に備えているというのなら、こんなことにはなりません。佐世保に置いてあるのは朝鮮半島の有事に備えているからなのです。揚陸艦と海兵隊の一体運用というような、入り口の知識すらあの官房長官は知らないのです。それで沖縄を押さえつけようとしているわけです。

もっとひどかったのは中谷防衛大臣です。日本政府は抑止力ということを強調しているでしょう。抑止力とは何かというと、相手が引き金に指をかけて、今あなたのほうに銃口を向けている、もしも相手が引き金を引いて撃とうとしたら、こちらもすぐに撃ち返せるという状況にしておく、だから相手は絶対に撃てない、これが抑止力の考え方です。翁長さんが、中谷さんに聞いたわけです。「中国がミサイルを撃ってきたらどうなりますか」。翁長さんは、中谷さんが「撃ってくることはない。抑止力が働いているから」と答えると思っていました。そうしたら中谷さんは、「撃ち返す」と答えたのです。中谷防衛大臣の話ですが、翁長知事が「それじゃあ抑止力が働いていないということじゃないですか」と言ったら、中谷さんはきょとんとしていたそうです。翁長さんは私に、「この政権は聞きしに勝るレベルだ」と言っていました（笑）。

つまり官僚たちに言われて「沖縄しかない」と言っているだけ、「辺野古は唯一の解決策だ」と言っているだけで、菅さんにしても中谷さんにしても、安全保障のことも抑止力のことも全然知らないのです。だから、こんな中央政府と付き合っていて沖縄は生き残れるのだろうかと不安感を強めています。自分の身は自分で守らないといけないと沖縄は思い始めています。それを極力平和裏な方法で解決しようとしているのです。

いま起きていることがどういうことかといいますと、47人学級で沖縄くんの掃除当番はかつて月3日だったのが、途中で月2週間になって、今は月3週間。それで「便所掃除の当番を半日減らしてやるから廊下掃除も加えてやれ」と中央政府が言っているような状態です。沖縄くんが「同じクラスメイトとして平等に扱っているんですか」と聞いたら、「お前、なに生意気なこと言ってるんだ。お前の席が便所に一番近いからだ」と。これが地政学的要因に当たります。「じゃあ民主的に多数決で決めようか」と言ったら、沖縄以外の46人が全員「沖縄くんが便所掃除3週間やったほうがよい」というふうになる。それだったら、そもそもこういう学校に通っている意味があるのかという問題が出てくるのです。

■辺野古基金

ですからこれは、日本の国家統合を揺るがす事態に発展しうるんだと、私は数年前から言っているのです。それで、「辺野古基金」というのを思いついたのです。沖縄の新聞に書きました。本当は共同代表をやる気はなかったのですが、「お前が書いて、みんなが『これやったら面白い』って言うから始めたんだ」と言われ、断れなくなった次第です。沖縄は3400億の一括助成金をもらっているでしょう。「辺野古に反対する」と言ったら、絶対に日本国内から「国民全体の税金から補助を受けている沖縄が国策に反対するのは生意気だ」という議論が出てくるに決まっています。それだったら猪瀬直樹さんに学ぼう、沖縄にまったく関係のない東京都副知事（当時）のときの猪瀬直樹さんに。

尖閣諸島の購入問題については石原慎太郎さん東京都知事（当時）だけでしたら無害でした。石原さんが「尖閣を買おう」とアメリカでラッパを吹き鳴らす。東京都議会のなかでは「そんなものに出すお金はない」といって否決されて終わりますから、それだけの話です。石原ラッパだった。ところが猪瀬さんが、金を集めようと言って無責任に金を集めだし、15億円も集まってしまったので身動きが取れなくなったのです。しかもよく詰めないで金を集めたものだから、もう金を返したらいいとなった時に、「匿名の献金があるから返せない」ということになった。それで今どうなっているかといいますと、東京都条例ができて「尖閣基金」というのができています。何に使うかといいますと、尖閣に船溜まりを作ったり、尖閣の実効支配を強化したりすることに使うのです。そんなことは日中関係を考えたら永久にないことです。それで塩漬け基金ができているわけです。

沖縄の場合、国策に反対する何かをするときに、そこに支出する金について「日本政府の金は使っていない。国民の税金は1円も使っていない。われわれが独自に集めた金を使っている」と、攻撃をかわすことができます。そんなふうに私が「琉球新報」に書きました。しかも「東京都に立派な『尖閣基金』というのがあるから、東京都でできることを沖縄でやっても文句を言われる筋合いはない」と書きましたら、沖縄の実業界の人たちが「ぜひそれやりましょう」ということで、それで始めたという経緯があります。ですから沖縄側は沖縄側で、先を読みながらそこそこ知恵は出しています。

ただ、この種の問題というのは教会がストレートに扱う問題ではないと私は思います。しかし教会として知らないといけないのは、こういう見方を沖縄はしているし、数字として実証的にはこういう構造になっているという知識を持つことは必要です。

松谷　本日はありがとうございました。

あとがき

私はこれまでに『同志社大学神学部』（光文社新書）、『神学の思考』（平凡社）、『神学部とは何か』（新教出版社）など、キリスト教関係の書籍をいくつか上梓した。本書は、過去に出した作品と比べると大きな違いがある。それは、私の内面にかなり踏み込んだ信仰告白的な作品となっているからだ。きっかけは、2015年11月3日に日本キリスト教会大森教会で行われた日本キリスト教会東京中会「青年の集い」で行った講演と質疑応答だ。佐藤泰将先生（大森教会牧師）から、改革長老教会との文脈で話をしてほしいという要請があった。

本文で詳しく述べたので、ここで屋上屋を架すような説明はしないが、現在、私は京都の日本基督教団賀茂教会に籍を置き、去年からは同志社大学神学部の客員教授にもなったので、神学部で後輩たちを相手に授業をしている。したがって、現在は、組合教会（会衆派）的な文脈でキリスト教徒としての生活を営み、神学的な活動をしているのであるが、根っ子に私は組合教会と異質のものを抱えているという自己意識を持っている。たとえば、神学部の講義の冒頭では、主の祈りとともに日本基督教団信仰告白を読み上げる。おそらく、この信仰告白で講義を始める教師は、同志社で私以外にいないと思う。教会は信仰告白を中心に成り立つ（組合教会でも本来は個別教会の信仰告白によって形成されているはずである）と、子どもの頃から日本キリスト教会で叩き込まれてきた信仰が私の人格の一部になっているから、無意識のうちに同志社の講義でも教団信仰告白を学生とともに読み、祈るという行動を取るのだ。私が尊敬するチェコの神学者ヨゼフ・ルクル・フロマートカの「キリスト教信仰を持つ者は、他の誰よりも現実をリアルに理解する」と述べている。この言葉が真実であると、私は、外交官生活、入獄体験、その後、作家になってからの経験を通じて実感している。このようなキリスト教リアリズムの核に信仰告白がある。

人生には、さまざまな巡り合わせ、出会いがある。今になって振り返ると、私の人生における最大の出来事は、1979年12月23日（日）のクリスマス礼拝の時に日本キリスト教会吉田教会で今村正夫先生から洗礼を受けたことだ。あの時から、私のキリスト教信仰が揺らいだことは一度もない。

本書を上梓するにあたって私の信仰に導いてくださった日本キリスト教会の新井義弘先生（故人、元大宮東伝道教会牧師）、今村正夫先生（故人、吉田教会牧師）、五十嵐喜和先生（茅ヶ崎東教会牧師)、今回の「青年の集い」に参加するよう声をかけてくださった佐藤泰將先生に深く感謝申し上げます。本書を上梓するにあたっては、日本キリスト教会浦和教会の教会員で「キリスト新聞」編集長の松谷信司氏にお世話になりました。どうもありがとうございます。

2016年6月28日　東京にて

佐藤　優

佐藤 優（さとう・まさる）

1960年東京生まれ。作家・元外務省主任分析官。
同志社大学神学部、同大学院神学研究科修士課程修了後、1985年外務省に入省。主にロシアでの情報活動において活躍。外交官としての経験と圧倒的な学識で、さまざまなメディアで健筆をふるう。

［主な著書］
『国家の罠』（新潮社、第59回毎日出版文化賞特別賞受賞）。『自壊する帝国』（新潮社、第5回新潮ドキュメント賞受賞、第38回大宅壮一ノンフィクション賞受賞）。『交渉術』（文藝春秋読者賞受賞、文藝春秋）、『神学部とは何か』（新教出版社）、『沖縄・久米島から日本国家を読み解く』（小学館）、『読書の技法』（東洋経済新報社）、『同志社大学神学部』（光文社）、『先生と私』（幻冬舎）、『神学の思考』（平凡社）、『組織の掟』（新潮社）など多数。

［主な訳書］
フロマートカ著『なぜ私は生きているか――J. L. フロマートカ自伝』（新教出版社）など。

写真撮影：春田倫弘
D T P：エニウェイ

現代に生きる信仰告白――改革派教会の伝統と神学

2016年7月22日　第1版第1刷発行
2016年8月31日　第1版第2刷発行

著 者　佐藤 優
発行所　キリスト新聞社
〒162-0814　東京都新宿区新小川町9-1
電話 03(5579)2432
URL. http://www.kirishin.com
E-Mail. support@kirishin.com
印刷所　モリモト印刷

ISBN978-4-87395-707-4　C0016（日キ販）　Printed in Japan